Peter Thiesen

Das Survival-Buch für Erzieherinnen

Den Berufsalltag erfolgreich bestehen

W0345410

LAMBERTUS

Peter Thiesen

Das Survival-Buch für Erzieherinnen

Den Berufsalltag erfolgreich bestehen

Lambertus

Die Deutsche Bibliothek – CIP-Einheitsaufnahme

Thiesen, Peter :
Das Survival-Buch für Erzieherinnen : den Berufsalltag erfolgreich bestehen / Peter Thiesen. – Freiburg im Breisgau : Lambertus, 1999
ISBN 3-7841-1162-9

Alle Rechte vorbehalten
© 1999, Lambertus-Verlag, Freiburg im Breisgau
Gesamtgestaltung: Christa-M. Berger, Solingen
Fotos: Christa-M. Berger, Solingen
Herstellung: Druckerei F.X. Stückle, Ettenheim
ISBN 3-7841-1162-9

Inhalt 

Für Anna, Jutta, Gisela, Susanne, Ingrid, Petra, Barbara und alle anderen Frauen, die fest mit beiden Beinen im Leben stehen.

Vorwort oder:  Worum es bei diesem Buch geht

Die Motivation Erzieherin zu werden, ist fast immer die Gleiche. Man möchte mit Menschen zu tun haben und sich im Beruf als Mensch den Menschen stellen.
Während der Ausbildung eignen sich die angehenden Erzieherinnen zwar eine Fülle psychologischer, pädagogischer und methodischer Kenntnisse an, entwickeln jedoch oft nicht genügend Kompetenz und persönliche Sicherheit, um den Berufsalltag mit seinen Krisen zu bestehen. Die Fähigkeit mit schwierigen Kindern und Jugendlichen zu arbeiten und sich auf deren Eltern einzustellen, hat die Erzieherin erworben. Wo aber vermittelt die Fachschule die Kunst, mit schwierigen Vorgesetzten und Kolleginnen erfolgreich umzugehen und fertig zu werden?
Dieses Buch beginnt dort, wo die Ausbildung zur Erzieherin endet: mit dem Berufsalltag, der persönliche Erfüllung bringen, aber auch von Konflikten und Krisen geprägt sein kann.
Es stimmt mich nachdenklich, wenn ich von Erzieherinnen Aussagen höre, wie diese: „Meine Kollegin versteht es glänzend, mir die unangenehmen Aufgaben und problematischen Kinder zuzuschieben. Aber sie kann es sehr gut mit der Leiterin." – „Ständig wendet sich meine Leiterin an mich. Sie weiß, daß ich nicht nein sagen kann." – „Meine Chefin hat veraltete Ansichten, die sie immer gegen das Team durchsetzt." – „In unserer Kita gibt's ein ziemliches Konkurrenzdenken." – „Bei uns wird unterschwellig gestichelt. Entsprechend ist der Krankenstand." – „Meine Anleiterin traut mir als Praktikantin gar nichts zu." – „Eine Kollegin ist bei uns regelrecht gemobbt worden."
Diese Äußerungen beschreiben Situationen am Arbeitsplatz, die einige Fragen aufwerfen:
Wie gehen Sie mit Ihren Kolleginnen um? Wie reagieren Sie auf berechtigte, wie auf unberechtigte Kritik Ihrer Vorgesetzten? Wie kritisieren Sie eine Praktikantin wegen ihrer Bequemlichkeit oder Unzuverlässigkeit? Was geschieht, wenn Sie für Ihre Arbeit gelobt werden? Wie reagieren Sie als Vorgesetzte (Kollegin, Anleiterin), wenn jemand viel Mühe auf eine Arbeit verwendete? Wie gehen Sie mit einer klatschsüchtigen Kollegin um? Wie werden Sie mit einer launenhaften Vorgesetzten, einer unerträglichen und schikanösen Kollegin fertig? Wie reagieren Sie auf Druck von Eltern, der gegen Sie ausgeübt wird? Welche Forderungen stellen Sie als Erzieherin an Ihr eigenes Verhalten?

Es bleibt nicht aus, daß sich auch Menschen mit sozialpädagogischen Berufen immer wieder zu Verhaltensweisen und Reaktionen am Arbeitsplatz empfindlich beeinträchtigen. Nicht selten sind die Rollen von „Opfern“ und „Verfolgern“ austauschbar und wechselseitig bedingt.

Dieses Buch wendet sich an die weibliche Erzieherin (als Praktikantin, Berufsanfängerin, erfahrene Kollegin und Vorgesetzte).

Von wenigen Ausnahmen abgesehen, sind die Arbeitsbereiche Kindergarten und Hort nach wie vor eine klassische Frauendomäne. Dennoch gelten die meisten der hier beschriebenen Situationen, Bilder von Kolleginnen und Vorgesetzten wie auch die problemlösenden Techniken und Methoden für männliche Erzieher.

Dieses Buch enthält eine Fülle von „Survivalstrategien zum Überleben im Krisendschungel des Berufsalltags“. Es möchte Hilfen geben bei der Überwindung innerer und äußerer Barrieren im Umgang mit Kolleginnen und Vorgesetzten. Und es möchte Sie beraten in unüberschaubaren und belastenden Situationen des erzieherischen Berufsalltags. Das Buch regt zur Selbstreflexion und zum Handeln an, indem es Ihre Stärken unterstützt und mögliche Schwächen im Umgang mit schwierigen Kolleginnen und Vorgesetzten überwinden hilft.

Ich habe dieses Buch auf dem Hintergrund meiner langjährigen Erfahrungen als Sozial- und Schulpädagoge geschrieben, der vorwiegend mit angehenden und berufstätigen Erzieherinnen zusammenarbeitet. Die Veröffentlichung ist aus Wertschätzung für die Frauen entstanden, die den verantwortungsvollen Beruf der Erzieherin gewählt haben und sich ihm jeden Tag aufs Neue stellen.

Etwa ein Drittel unseres Lebens verbringen wir im Beruf. Deshalb sollten wir uns dort auch wohl fühlen. Natürlich nicht auf Kosten anderer. Mit Erfolg im Beruf sollte vorrangig die Zufriedenheit im Berufsalltag gemeint sein. Sie ist mitentscheidend für unsere psychische und physische Gesundheit.

Peter Thiesen

Kompetenz und Praxisschock

Viele Erwartungen an die Erzieherin

Das große Bündel an fachlichen Fähigkeiten und Fertigkeiten und ein entsprechendes Persönlichkeitsprofil, über das eine Erzieherin am Ende ihrer Berufsausbildung verfügen soll, nennt man Kompetenz.
Kaum hat die frischgebackene Erzieherin die Fachschule für Sozialpädagogik verlassen, muß sie lernen mit dem „Praxisschock" fertigzuwerden. Von ihr wird der souveräne pädagogische Umgang mit 25 Kindern erwartet, daß sie in einem Erzieherteam mitarbeitet und aktiv wird, vermehrt auf Kinder mit Kontakt-, Sprach- und Wahrnehmungsstörungen eingeht, Kontakt mit berufstätigen Eltern und

Alleinerziehenden und deren Problemen hat und langfristig eine Strategie der Professionalisierung aufbaut.
Um die Fülle der hier nur unvollständig aufgeführten Aufgaben zu bewältigen, werden neben den Erwartungen an die Sachkompetenz auch besondere Erwartungen an das Persönlichkeitsbild der Erzieherin gestellt.

Dazu gehören zum Beispiel

- Toleranz, Zivilcourage und Mut, um eigene Standpunkte zu vertreten,
- Vorbild sein im Reden und Handeln, Selbstdisziplin,
- berufliches Engagement und Aufgeschlossenheit,
- die Fähigkeit, Konflikte personen- und sachgerecht in der eigenen Gruppe und im Kollegium zu lösen,
- flexibel sein und nicht auf Prinzipien herumreiten,
- Interesse und Offenheit für neue Wege und Zielsetzungen in der Erziehungsarbeit am Arbeitsplatz,
- emotionale Ansprechbarkeit, Hilfsbereitschaft und Verläßlichkeit,
- die Fähigkeit zu führen und Verantwortung zu delegieren
- Selbstdisziplin in Dienstangelegenheiten.

Als weitere Erwartungen an die Erzieherin lassen sich nennen:
Verständnis für das Verhalten des anderen, die Bereitschaft und Fähigkeit, zuzuhören und Konflikte im Gespräch zu klären, und kollegialer Umgang. Nicht zuletzt soll die Erzieherin auch humorvoll, wohlwollend ausgeglichen, selbstkritisch, unvoreingenommen, geduldig, beherrscht, teamfähig, freundlich, selbstsicher und – wenn möglich – schon als junge Erzieherin erfahren sein.
Zu den besonders geforderten Qualitäten gehören auch immer wieder Einfühlungsvermögen und globales Denken, Fähigkeiten also, die als besondere weibliche Stärken gelten.
Wenn wir von diesem umfangreichen Erwartungskatalog an die Erzieherin ausgehen, dann müßte es ihr eigentlich gelingen, Probleme

und typische Situationen am Arbeitsplatz jederzeit professionell zu lösen. Dennoch gibt es im Berufsalltag Situationen, für die sie Strategien benötigt, die über schulisch vermitteltes Wissen weit hinausgehen und z.B. verhindern helfen, sich von KollegInnen und Vorgesetzten ausnutzen zu lassen.
Eine der Fähigkeiten, die für das eigene Wohlbefinden der Erzieherin von unmittelbarer Bedeutung ist, ist die „gesunde" Selbsteinschätzung, d.h. die Einsicht in eigene Fehler und Schwächen aber auch das Wissen um persönliche Stärken. Der Aufbau eines realitätsfremden Bildes „der idealen Erzieherin" erschwert oder verhindert eher die Selbstfindung.
Die nächsten Seiten bieten Ihnen die Möglichkeit zur persönlichen Situationsanalyse und Standortbestimmung, bevor Sie sich den „inneren" und „äußeren" Fallen des Berufsalltags und ihrer Überwindung zuwenden.

Ihre persönliche Standortbestimmung – Drei Selbstanalysen

Wie gut kennen Sie Ihre persönlichen Stärken und Schwächen und wie gehen Sie mit diesen um?
Fühlen Sie sich im Augenblick aufgeschlossen, konzentriert, ausgeruht und neugierig, dann ist der Zeitpunkt besonders günstig, sich mit einer persönlichen Standortbestimmung und Selbstanalysen etwas intensiver zu beschäftigen.

Je genauer Sie über Ihre persönliche Lebenssituation Bescheid wissen, um so besser wird es Ihnen gelingen, die Tücken des Berufsalltags zu meistern.
Nehmen Sie sich die Zeit zur Selbsteinschätzung und seien Sie ganz ehrlich zu sich selbst! Je genauer Sie Ihre persönliche und berufliche Lebenssituation überdenken, desto besser werden Sie mit Psychofallen und schwierigen Kolleginnen und Vorgesetzten umgehen können. Besprechen Sie die Ergebnisse Ihrer Selbstanalysen mit einer vertrauten Person. Ihr fällt es oft leichter, Ihre Stärken, aber auch Schwächen zu erkennen und zu reflektieren. Das Gespräch schützt Sie auch davor, mit sich selbst zu kritisch oder nicht kritisch genug umzugehen.

SELBSTANALYSE NR. 1: SCHLECHTE ANGEWOHNHEITEN BEWUSSTMACHEN UND ABBAUEN

Schlechte Angewohnheiten schaden uns, da sie Kommunikation mit Kolleginnen nicht nur kurz-, sondern auch langfristig negativ beeinflussen.

Diese Selbstanalyse enthält Fragen zu den eigenen „schlechten Angewohnheiten“. Hinter jeder Frage ist eine Zahl von 0 bis 4 zu schreiben (o = nie, 1 = selten, 2 = manchmal, 3 = öfter, 4 = sehr oft). Nehmen Sie zunächst eine Selbsteinschätzung vor und geben Sie dann (bei Gelegenheit) den ausgefüllten Bogen an eine vertraute Person mit der Bitte um Rückmeldung und Kontrolle. Sprechen Sie miteinander über Ihre weniger angenehmen Angewohnheiten und Möglichkeiten, diese abzustellen.

- Versuche ich, anderen meine Meinung aufzudrängen?
- Bin ich öfter launisch, nörgelnd und „ungenießbar“?
- Habe ich Schwierigkeiten, anderen zuzuhören, wenn sie mit mir sprechen?
- Kritisiere ich Kolleginnen, Praktikantinnen und Untergebene (Vorgesetzte) in Gegenwart anderer?

- Bin ich sehr am Kollegenklatsch interessiert und aktiv beteiligt?
- Stelle ich das, was ich für Kolleginnen bzw. meine Einrichtung tue, immer sehr heraus?
- Bin ich überkorrekt und sehr pedantisch im Umgang mit Kolleginnen?
- Mache ich schnell Zusagen, ohne sie hinterher auch halten zu können?
- Äußere ich mich voreingenommen über Verhaltensweisen (Ideen, Kleidung) von Kolleginnen?
- Versuche ich eine Unterhaltung ganz allein zu bestreiten?
- Rede ich von meinen Ideen bei jeder Chance, die sich mir bietet?
- Bin ich ungeduldig und unzufrieden, wenn andere Kolleginnen nicht meiner Meinung sind?
- Bin ich unsicher und eher gehemmt, wenn Eltern auf mich zukommen?
- Werde ich laut und schrill, wenn ich aufgebracht und wütend bin?
- Streite ich, statt Meinungsverschiedenheiten zu erörtern?
- Unterbreche ich andere selbstgefällig beim Sprechen?
- Bin ich gekränkt, wenn ich von Kolleginnen (meiner Vorgesetzten) auf Fehler aufmerksam gemacht werde?
- Neige ich dazu, meine Praktikantinnenbetreuung eher lustlos anzugehen, weil sie „ja doch nur eine zusätzliche Belastung ist“?
- Bin ich vorwiegend auf meine Wirkung bzw. Selbstdarstellung (z.B. vor Eltern) bedacht?
- Lasse ich meine Kolleginnen durch geschicktes Taktieren immer wieder unangenehme Aufgaben für mich erledigen?

Über Ihr persönliches Verhalten nachzudenken und vielleicht mit einer Person Ihres Vertrauens über dieses Verhalten zu sprechen, ist ein guter Anfang. Das Verhalten im Sinne dieses Buches zu verändern, d.h. selbstbewußt und selbstbehauptend den Berufsalltag zu bestehen, erfordert selbständiges Ausprobieren und Handeln.

SELBSTANALYSE NR. 2: IHRE GEGENWÄRTIGE SITUATION

Um sich die gegenwärtige persönliche und berufliche Situation mit all ihren Problemen, Mängeln, Gefahren, aber auch Vorteilen und Chancen bewußt zu machen, ist es notwendig, daß Sie für sich eine Situationsanalyse erstellen. Sie kann Hilfe sein, mögliche Quellen für Konflikte besser zu erkennen. Für diese Situationsanalyse benötigen Sie etwa 30 ruhige Minuten.

- Auf einem DIN A 4-Blatt listen Sie die Probleme, Schwierigkeiten und Gefahren Ihrer persönlichen privaten Situation auf. Überschreiben Sie das Blatt mit: „Probleme, Schwierigkeiten und Gefahren meiner persönlichen Situation".
- Auf einem weiteren Blatt stellen Sie ebenfalls dar, welche Annehmlichkeiten Ihnen Ihre private Sphäre bietet. Äußern Sie sich schriftlich zu der Überschrift: „Annehmlichkeiten, Vorteile und Chancen meiner persönlichen Situation".
- Genauso gehen Sie dann für Ihre berufliche Situation als Erzieherin vor. Analysieren Sie zunächst:

„Probleme, Schwierigkeiten und Gefahren meiner beruflichen Situation", um dann „Annehmlichkeiten, Vorteile und Chancen meiner beruflichen Situation" zu beschreiben.
Sind die Listen fertig, schreiben Sie hinter die aufgeführten persönlichen und beruflichen Probleme, Schwierigkeiten und Gefahren, jeweils wie Sie sich jetzt verhalten – passiv, ausweichend, aggressiv oder manipulativ. Machen Sie sich dabei Ihr Verhalten und Ihre Reaktionsweisen, die stets in einer Wechselwirkung zu anderen stehen, bewußt. Vielleicht stellen Sie dabei fest, daß nicht nur eine Verhaltensweise zutrifft, wenn Sie zu verschiedenen Zeiten passiv und aggressiv reagieren.
Die Lebenssituation einer Erzieherin in Wechselwirkung mit fördernden (+) und beeinträchtigenden (-) Faktoren kann z.B. so aussehen.

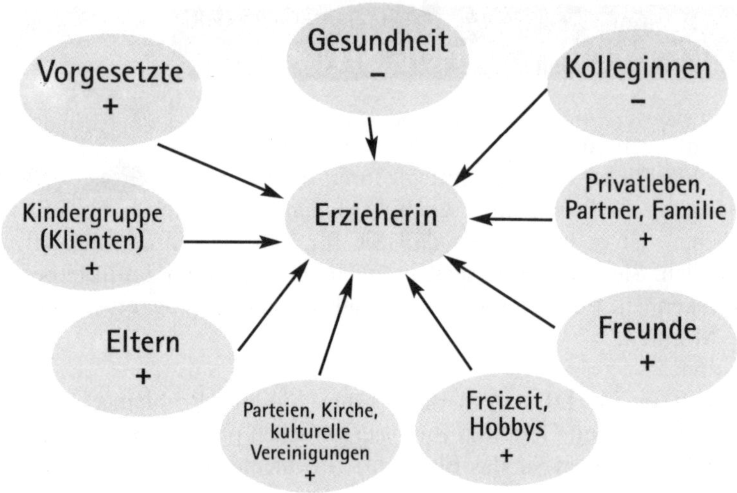

Die fördernden und beeinträchtigenden Faktoren werden natürlich von jedem individuell erlebt. Wie sieht Ihr persönliches „Situations-Modell“ aus?

SELBSTANALYSE NR. 3: VERÄNDERUNGEN IN IHREM BERUFSLEBEN

Für den Wunsch, etwas in Ihrem Berufsleben zu verändern, ist es sinnvoll, auch noch diese dritte Selbsteinschätzung bzw. Standortbestimmung vorzunehmen. Mit Hilfe des folgenden Fragebogens können Sie sich selbst einschätzen. Auf keine der Fragen ist ein knappes Ja oder Nein möglich. Nehmen Sie sich Zeit und Muße für die Beantwortung der Fragen.

1. Wie zufrieden bin ich mit dem Inhalt meiner Arbeit als Erzieherin? ....

2. Wieweit kann ich mich mit meiner Aufgabe identifizieren?

   ....

3. Wieweit kann ich Entscheidungen selbst treffen und Vorgehensweisen selbst festlegen?..

4. Wie funktioniert die Kommunikation in meiner Einrichtung (Kindergarten, Hort, etc.)?..

5. Wieweit bin ich für meinen Aufgabenbereich selbst verantwortlich?...

6. Wieweit kann ich mir meine Zeit selbst (besser) einteilen?.........

   ....

7. Wieviel Wertschätzung und Anerkennung bekomme ich für meine Aufgaben durch meine Vorgesetzte? ....

   ....

8. Welche positiven/negativen Einflüsse gehen von meinen Kolleginnen auf mich aus? ....

9. Wieviel Anerkennung bekomme ich für meine Arbeit durch die Kolleginnen? ....

10. Wieviel Anerkennung erhalte ich für meine Arbeit durch die Eltern? ....

11. Wieweit bin ich zufrieden mit meiner Selbststeuerung am Arbeitsplatz? ....

12. Wieweit habe ich das Gefühl, daß mir meine Arbeit gelingt? –

    ....

13. Wieweit fördert mich mein berufliches und privates Umfeld, qualitativ gute Arbeit zu leisten?..

    ....

14. Wieweit kann ich mich in meiner Einrichtung frei entwickeln?.....
....

15. Wieviel Einfluß habe ich und wie nutze ich ihn? ....
....

16. Auf welchen Gebieten liegen meine größten Schwierigkeiten? ...
....

17. Wie sehr fühle ich mich im Berufsalltag bevormundet oder gegängelt? ....

18. Welches sind meine bisher größten beruflichen Erfolge? ....
....

19. Welche beruflichen Ziele habe ich bisher noch nicht erreicht? ...
....

20. Welche beruflichen Ziele möchte ich noch erreichen? ....
....

21. Was muß sich kurzfristig an meiner beruflichen Situation ändern? ....

22. Was muß sich langfristig an meiner beruflichen Situation ändern? ....

Ist das Ergebnis dieser Standortbestimmung für Sie in Ordnung oder möchten Sie etwas daran ändern? Diese persönliche Einschätzung können nur Sie vornehmen! In den folgenden Kapiteln erhalten Sie Anregungen, wie Sie Ihr Ergebnis verändern können.

Im Fallen-Dschungel

Vom richtigen Umgang mit „inneren“ Barrieren

Der Beruf der Erzieherin ist nach wie vor ein typischer Frauenberuf, zumindest wenn es um die Arbeitsfelder Kindergarten und Hort geht. Zwar haben die Leiterinnen dieser Einrichtungen von Seiten des Trägers (Stadt, Gemeinde oder Kirche) nicht selten einen mehr oder minder intelligenten und umgänglichen Mann als übergeordneten Vorgesetzten, dennoch sind es in den Einrichtungen selbst nicht die Männer, sondern die Frauen, die sich die Knüppel zwischen die Beine werfen.

Neben den „äußeren Fallen", die Kolleginnen und Vorgesetzte auslegen können, gibt es eine Reihe „innerer Barrieren", durch die sich Erzieherinnen aus ihrer Frauenrolle heraus oft genug selbst bremsen und meist unbewußt in selbst gestellte Psychofallen tappen. In meiner über zwanzigjährigen Lehrtätigkeit bei angehenden Erzieherinnen konnte ich immer wieder feststellen, daß die weiblichen Schülerinnen meist engagierter waren und bessere Leistungen erbrachten als ihre männlichen Kollegen, dennoch überließen sie fast immer den Männern die Wortführung oder die Übernahme von Leitungs- und Sprechfunktionen in der Schülervertretung. Diese Tatsache ist um so bezeichnender, da das Zahlenverhältnis zwischen weiblichen und männlichen Studierenden vorwiegend bei 22 zu 3 liegt. Haben hier traditionelle Rollenklischees überlebt? Verhält man sich auch heute noch als angehende Erzieherin eher zurückhaltend, unterordnend, abwartend, Rücksicht nehmend, bescheiden und angepaßt?
Lassen Sie uns einige der wichtigsten psychischen Barrieren bewußt machen. Es wird Ihnen dann leichter fallen, diese Barrieren zu überwinden – sofern Sie fest dazu entschlossen sind.

DIE MITLEIDSFALLE

Die Mitleidsfalle definiert sich als Gefühl der Verpflichtung, als Erzieherin müsse man die Bedürfnisse anderer jederzeit über die eigenen stellen, müsse stets für andere verfügbar und erreichbar sein. Die professionelle Erzieherrolle oder die Wahl zu treffen, sich um andere zu kümmern, ist etwas anderes, als durch emotionale Erpressung manipuliert zu werden. Unter dem Druck des „schlechten Gewissens" dem anderen gegenüber, beugen Sie sich allen möglichen Wünschen und Anforderungen und lassen sich so zwingen, den Bedürfnissen anderer entgegenzukommen, anstatt Grenzen für sich selbst zu ziehen. Eine Kollegin z.B., die Sie ständig unter Berufung auf ihre privaten Probleme um die Abnahme von (unangenehmen) Aufgaben bittet, weiß irgendwann Ihr Mitleidsverhalten auszuloten und auszunutzen. Das Verlangen, anerkannt und geschätzt oder gar geliebt zu werden, verhindert oftmals, daß man Grenzen setzt und sich dabei selbst unterdrückt. Diese Unterdrückung beginnt, wenn Sie die Verantwortung für die emotionalen Bedürfnisse und Probleme eines anderen gleichfalls übernehmen. Wenn Sie die Bedürfnisse anderer über Ihre eigenen stellen, wird das Mitgefühl zur lästigen Falle.

Die Fehlerfalle

Die wenigsten haben gelernt, für sich das Recht in Anspruch zu nehmen, auch Fehler machen zu dürfen. Vielen finden es auch ungeheuer schwierig, dieses Recht zu akzeptieren. Versuchen Sie, Ihren Fehler zu akzeptieren, ohne sich bittere Selbstvorwürfe zu machen oder ihn defensiv abzuleugnen.
Susanne hatte als Praktikantin in einem Kindergarten oft kreative Ideen, die sie jedoch auf Besprechungen wiederholt nicht äußerte, weil sie sich fürchtete, ihre Ideen würden nicht befürwortet werden. Als dann nach einigen Monaten ihre Leistung bewertet werden sollte, beurteilte ihre Anleiterin sie als phantasielos und wenig engagiert. Susanne hatte Angst Fehler zu machen, da sie als Zeichen der Schwäche ausgelegt werden könnten. Sie glaubte im Team weniger Anerkennung zu finden, wenn sie etwas falsch machte. Dabei vergaß sie, daß eine der wesentlichsten Arten, durch die wir lernen, gemachte Fehler sind. Sie erst schaffen Anhaltspunkte für die Weiterentwicklung. Immer Recht zu haben ist das absolute Gegenteil von Entwicklung und führt eher zum Vertuschen von Fehlern und zu einer ständig gespannten Verteidigungshaltung.

Die Kompetenzfalle

Fachliche Kompetenz ist ein wichtiger Erfolgsfaktor im Beruf der Erzieherin. Aber auch nur einer von mehreren. Haben Sie einmal überlegt, daß fachliche Kompetenz unter Umständen sogar hinderlich sein kann? Dies ist z.B. dann der Fall, wenn Ihre Vorgesetzte das Gefühl hat, Sie wüßten mehr und seien qualifizierter als sie selbst. So ein Gefühl kann als bedrohlich empfunden werden. Mindestens ebenso wichtig wie Kompetenz und Leistung sind die Fähigkeit, gute kollegiale Beziehungen zu knüpfen, das richtige Auftreten und taktisches Geschick im Umgang mit einer scheinbar schwachen Vorgesetzten oder Kollegin.

Die Fleissfalle

Wieder einmal verlassen Sie Ihren Kindergarten als Letzte, haben auch beim Elternabend, dem Sommerfest und dem Kolleginnentreffen mit 150prozentigem Einsatz gearbeitet. Freiwillig machen Sie Überstunden, nehmen Arbeiten mit nach Hause und verausgaben sich bis an die Grenze Ihres Leistungsvermögens. Ihr überdurchschnittliches Arbeitspensum ist kein Aufstiegskriterium. Ihre Arbeitssucht bewirkt eher das Gegenteil, da Sie sich durch übermäßigen Fleiß in Ihrem Arbeitsbereich unentbehrlich machen, wird niemand ein Interesse an Ihrem beruflichen Weiterkommen haben, denn in den Augen Ihrer Vorgesetzten kann es gar nicht besser laufen.

Die Sicherheitsfalle

Wer wenig Selbstbewußtsein hat, strebt nach größtmöglicher äußerer Sicherheit und traut sich nicht, Risiken einzugehen. Ähnlich wie bei der Fehlerfalle scheut sich auch hier die Erzieherin, an ihrem Arbeitsplatz neue Wege zu gehen und z.B. neue Formen der Elternarbeit auszuprobieren oder ein neues Konzept für die eigene Arbeit zu entwickeln. Statt dessen konzentriert sie sich lieber auf die vertrauten Dinge, die sie 100prozentig bewältigen kann. Und da alles Neue mit Unsicherheit verbunden ist, kommt sie erst gar nicht auf die Idee, neue Herausforderungen in Angriff zu nehmen. Sollten Sie in einer solchen Falle stecken, versuchen Sie zunächst einmal kleine Risiken einzugehen. Wenn Sie gewinnen, stärkt es Ihr Selbstbewußtsein, und wenn Sie verlieren, werden Sie lernen, kleine Niederlagen besser einzustecken. Langfristig werden Sie diese Falle verlassen und Risiken besser kalkulieren und mindern können, ohne ihnen aus dem Weg zu gehen.

Die Perfektionismusfalle

Glauben Sie auch, daß eine gute Erzieherin im musisch-kreativen Bereich eine Alleskönnerin sein sollte? Wenn sie eine gute Spielleiterin sind, ein Musikinstrument beherrschen und eine schöne Stimme haben, machen Sie sich dann auch noch Gedanken, warum Sie wenig Talent zum Werken haben und im Sport nicht sonderlich glänzen? Die meisten Menschen sind doch nicht einmal auf einem Gebiet überdurchschnittlich und die Auffassung, daß man alles meistern kann, wenn man sich nur darauf konzentriert, ist völlig unrealistisch. Ich denke, daß weibliche Erzieher eher als männliche dazu neigen, sehr hohe, manchmal auch überzogene Ansprüche an sich und ihre Leistungen zu stellen. Der Hang zum Perfektionismus zeigt sich auch oft am Arbeitsvolumen. Nicht selten nimmt das Perfektionismusdenken zwanghafte Züge an, und die selbstauferlegte Arbeitsüberlastung rächt sich häufig, da die eigenen Energiedepots durch den anhaltenden Raubbau restlos aufgebraucht werden. Perfektionismusdenken verhindert, daß Sie sich schnell, flexibel und kreativ auf veränderte Situationen einstellen können. Schließlich hilft vielleicht auch noch die Erkenntnis, daß selbst der „perfekten" Erzieherin Grenzen gesetzt sind: von der Anlage, vom Temperament und Charakter und von konstitutionellen und institutionellen Faktoren her. Wer versucht, alles perfekt zu machen, stiehlt sich selbst die Zeit.

Die Offenheitsfalle

Frauen wie Männer kennen das beklemmende Gefühl, sich einer Sache mal nicht sicher zu sein. Während Männer eher über diese Gefühle schweigen, teilen Frauen sie mit. Sie scheinen sich verpflichtet zu fühlen, ihr Innenleben anderen nicht vorzuenthalten. Was im privaten Bereich richtig sein mag, kann im beruflichen durchaus falsch und schädlich sein. Ein Wort in die falschen Ohren und der Schaden ist nur schwer wieder gutzumachen.

Die Antreiberfalle

Alles muß schnell erledigt werden. So lautet der innere Ruf der Hektik, dem sich viele Erzieherinnen ausliefern. Wenn Sie alles rasch machen, gehen Sie das hohe Risiko ein, etwas zu übersehen oder falsch zu machen. Die Fehler dann wieder auszubügeln, erfordert schließlich noch mehr Zeit. Lassen Sie sich auch nicht unter Zeitdruck zu irgendwelchen Aufgaben, Handlungen oder Zusagen antreiben, die Sie nicht täten, wenn Sie mehr Zeit zum Nachdenken hätten. Es gibt immer Vorgesetzte und „liebe“ Kolleginnen, die sich unter dem Vorwand des Zeitdrucks und des Sich-sofort-entscheiden-Sollens unliebsame Arbeiten vom Hals halten. Bitten Sie in solchen Fällen grundsätzlich um eine angemessene Bedenkzeit für Ihre Antwort.

Die Einzelkämpferfalle

Um Interessen, Ideen und Vorhaben durchzusetzen, brauchen Sie Verbündete. Gleich, ob es um die Anschaffung neuen Mobiliars, mehr Gelder für Ihren Kindergarten oder um die Einstellung einer weiteren Praktikantin geht. Der Satz: „Das schaffe ich ganz alleine!“ gehört in die frühkindliche Autonomiephase ebenso wie die häufig gehörte Äußerung: “Ohne mich klappt hier nichts!“ Also: Nutzen Sie grundsätzlich die Möglichkeiten, die in einem gut funktionierenden Team stecken und setzen Sie gemeinsam berechtigte Interessen und Aufgaben durch. Sie ersparen sich so manch herbe Enttäuschung.

Die Wartefalle

Bescheidenheit mag eine Zier sein und Zurückhaltung als vornehm gelten. Im Berufsalltag bringen diese typischen „Tugenden“ von Erzieherinnen überhaupt nicht weiter. Eine passive Wartehaltung zahlt sich nur selten aus. Wer keine Signale sendet, wird nicht gehört. Weibliche Verhaltensmuster sind oft vom Zustand des Wartens geprägt. Schließlich haben Sie wahrscheinlich selbst schon als kleines Mädchen zu hören bekommen, „daß man sich nicht nach vorne drängelt“.

Worauf warten Sie? Daß eine Kollegin etwas an Ihrer Stelle tut? Daß Ihnen jemand das Angebot macht, die Leiterinnen-Stelle zu übernehmen? Daß jemand seine Meinung über Sie ändert?
Bemühen Sie sich, Ihre anerzogene Zurückhaltung aufzugeben und unternehmen Sie den ersten Schritt. Selbstbewußte Stärke bedeutet, etwas für sich selbst tun.

Die Allen-recht-mach-Falle

Eine junge Kindergartenleiterin, die alle Anstrengungen unternahm, es allen recht zu machen, um die Zuneigung der Eltern in ihrem Kindergarten zu gewinnen, kam in eine äußerst schwierige Situation, als mehrere Eltern unvereinbare Ansprüche an sie stellten. Diese Situation führte bei ihr zu innerer Zerrissenheit und Angstzuständen. Ihre eigenen Bedürfnisse hatte sie in den Elterngesprächen nicht zum Ausdruck gebracht.
Wer versucht, es jedem recht zu machen, reduziert seine eigene Bedeutung. Üben Sie, mehr Dinge zu tun und Entscheidungen zu treffen, mit denen Sie sich selbst gerecht werden. Und zwar auch dann, wenn die Entscheidungen den Bedürfnissen anderer widersprechen. Die Bedeutung direkter und ehrlicher Meinungsäußerung kann man kaum überbetonen. Wenn auch eine selbstbewußte und durchsetzungsfähige Erzieherin nicht immer bekommt, was sie will, hat sie jedoch das befriedigende Erlebnis, etwas unternommen zu haben, sich zu behaupten.

Die Kritikfalle

Es gibt Erzieherinnen, die reagieren manchmal recht unangemessen, wenn ihnen berufliche Versäumnisse oder Fehler vorgehalten werden. Bei der Ausbildung von Erzieherinnen und Erziehern konnte ich immer wieder beobachten, daß die Erzieherinnen eher unangemessen bei Kritik reagierten. Sie gaben sich sehr emotional, wirkten erschrocken und verletzt und wehrten sich mit übertriebener Heftigkeit.
Wer große Schwierigkeiten hat, mit Kritik umzugehen, ist meist nicht mit viel Selbstvertrauen und Selbstbewußtsein ausgestattet.

Trennen Sie für sich die Kritik, die auf eine Tätigkeit bezogen ist, von Ihrer Person. Wenn eine bestimmte Leistung in Frage gestellt wird, bedeutet dies: „Das ist nicht in Ordnung". Werten Sie diese Aussage nicht im Sinne von: „Du bist nicht in Ordnung". Die Korrektur dieser meist anerzogenen Fehleinschätzung hilft in mehrfacher Hinsicht: sie trägt dazu bei, Kritik nicht persönlich zu nehmen und somit auch nicht das innere Wohlbefinden zu stören, aber auch im Berufsalltag. Wer konstruktive Kritik zulassen kann und sie ernst nimmt, erhält Einsicht in die Hintergründe eines möglichen Mißerfolges und sammelt Pluspunkte bei dem, der kritisiert hat. So lassen sich Mißerfolge in Erfolge umwandeln.

Bei Praktikantenbesuchen in sozialpädagogischen Einrichtungen stelle ich immer wieder fest, daß es Anleiterinnen recht schwerfällt, selbst deutlich – dennoch wohlwollend – zu kritisieren. Der „Mildeeffekt", der Praktikantin nichts Böses zu wollen, spielt dabei ebenso eine Rolle, wie die seit Mädchenzeiten antrainierte Auffassung, nicht andere auf Fehler hinzuweisen. Spätestens in der Anleiterinnenfunktion oder als Vorgesetzte kann dieses Defizit für die Erzieherin zum echten Problem werden, zumal Kritik ein wichtiges Instrument ist, auf das nicht verzichtet werden kann.

DIE BESCHEIDENHEITSFALLE

In dem Spruch: „Bescheidenheit ist eine Zier, doch weiter kommt man ohne ihr." steckt eine gehörige Portion Wahrheit. Wem schon in jungen Jahren anerzogen wurde, daß Eigenlob „stinkt", der darf offensichtlich nicht zeigen, daß er stolz darauf ist, etwas gut gemacht zu haben. Ein Übermaß an Bescheidenheit und Zurückhaltung kann Sie in Ihrem Weiterkommen empfindlich bremsen. Wenn Sie Ihre Erfolge bescheiden herunterspielen, kommen Ihre Vorgesetzten schließlich zu dem Schluß, daß die Leistung doch nicht so bemerkenswert war.

Also: Lenken Sie künftig die Aufmerksamkeit Ihres Berufsumfeldes auf das unter den Scheffel gestellte Licht und nicht umgekehrt.

DIE LOBFALLE

Auch im Umgang mit positiven und anerkennenden Äußerungen haben viele Erzieherinnen Probleme. Zwar haben sie bereits in ihrer Ausbildung verinnerlicht, wie wichtig gezielt eingesetztes Lob als Motivator für Kinder und Jugendliche ist. Sie selbst jedoch haben z.B. Probleme im Komplimente machen und entgegennehmen. Grundsätzlich braucht jeder Mensch seine Streicheleinheiten, genießt jeder die Anerkennung ob Mann oder Frau. Erzieherinnen definieren sich in ihrem Beruf sehr oft über die Anerkennung von außen. Die bleibt jedoch in einer Reihe sozialpädagogischer Arbeitsfelder häufiger aus, als man es sich wünschen könnte. Wichtig ist dann, daß es Ihnen gelingt, sich selbst auf die Schulter zu klopfen und mit sich selbst zufrieden zu sein.

Der andere Aspekt des Lobens ist die Schwierigkeit, Komplimente zu machen.

Christina, eine eigentlich offene Erzieherin, hatte stets Schwierigkeiten, Lob und Anerkennung selbstbewußt zu äußern. Sie tat sich z.B. schwer, wie sie einer ihr zugeordneten Praktikantin sagen sollte, wie beeindruckt sie von deren guten Leistungen und Engagement im Kindergarten war. Sie verwendete Vokabeln wie „prima“ und „toll“, anstatt die Anerkennung differenzierter, feiner und geschliffener auszusprechen, wie z.B.: „Sie sind mit einer schwierigen Situation mit großem Einfühlungsvermögen und Geschick fertig geworden.“ oder: „Ich schätze die Zeit und die Mühe, die Sie sich bei der Mitgestaltung des Sommerfestes gemacht haben.“ Merken Sie den Unterschied? Jeder von uns reagiert anders auf „Streulob“ aus der Gießkanne als auf eine gezielte, auf unsere Leistung persönlich zugeschnittene Anerkennung. Und noch ein Aspekt des Lobens soll hier angesprochen werden: Im Berufsalltag werden Komplimente, Anerkennung und Lob natürlich auch manipulativ eingesetzt, z.B. um einen Mitarbeiter zu veranlassen, eine Aufgabe, die man als Kollegin oder Vorgesetzte selbst nicht gerne bewältigen mag, „freiwillig“ zu übernehmen. Natürlich sollen Sie nicht allen Komplimenten mißtrauen, dennoch ist es von Vorteil, manipulativ eingesetzte Schmeicheleien als solche zu erkennen und von aufrichtig gemeintem Lob zu trennen. Wenn Sie merken, daß eine Anerkennung Ihrer Vorgesetzten ehrlich gemeint ist, geben Sie eine kurze Bestätigung. Ein „Danke“ oder ein Lächeln reichen aus und zeigen der Vorgesetzten,

daß ihr Lob angekommen ist. Machen Sie nicht den Fehler (siehe „Bescheidenheitsfalle“), das Kompliment herunterzuspielen. Auch Ihre Vorgesetzte ist sensibel und könnte sich durch Ihr abwehrendes Verhalten lächerlich vorkommen.
Wann haben Sie zuletzt jemanden an ihrem Arbeitsplatz – die Kinder ausgenommen – mit einem aufrichtigen Lob bedacht?

Die Vermeidungsfalle

Glauben Sie auch, daß es besser ist, im Berufsalltag unangenehmen Angelegenheiten aus dem Weg zu gehen? Sind Sie der Meinung, daß unangenehme Situationen nur schlimmer werden, wenn man sich ihnen stellt?
Den scheinbar leichten Weg der Vermeidung und Verdrängung zu gehen, stellt sich langfristig gesehen als echte Falle dar. Probleme, denen man aus dem Weg geht, sind damit noch nicht aus der Welt. Eine intrigante Kollegin (selbstverständlich sind auch Männer hiervon nicht frei) werden Sie nicht bis an Ende Ihres Berufslebens ertragen können. Unter dem Deckmantel von Diplomatie, Takt und Taktik machen Sie Ihr Herz zur Mördergrube. Sie werden sich so zunehmend gehemmt und indirekt verhalten. Letztlich führt ständig praktiziertes Vermeidungsverhalten zu einem unaufrichtigen, heuchlerischen Lebensstil. Der Hang, unangenehme Situationen über die Maßen zu vermeiden, führt konsequent zu neurotischem Verhalten.
Schreiben Sie doch einmal für sich eine Liste mit unangenehmen Situationen am Arbeitsplatz auf, denen Sie bisher aus dem Weg gegangen sind (z.B. Ihrer Kollegin zu sagen, daß sie Sie auch endlich mal zum Zuge kommen lassen soll; daß Ihre Vorgesetzte das vor 11 Monaten an sie ausgeliehene Buch zurückgeben möge...). Malen Sie sich dabei aus, was und wie Sie es sagen wollen. Machen Sie dabei nicht zuviel auf einmal, sondern gehen Sie zunächst an die Probleme, die für Sie am leichtesten zu bewältigen sind. Allmählich werden Sie zunehmend an Situationen und Ereignisse herangehen, die Sie früher gemieden haben.

Die Gefühlsfalle

Alle der bisher beschriebenen Fallen haben mit Gefühlen zu tun. Dabei ist immer wieder festzustellen, daß wir stark außenorientiert leben. Obwohl wir uns täglich nach vielen Menschen und Umständen richten, bekommen wir nur selten wirkliche Hilfe von außen. Wenn Sie z.B. erst dann zufrieden sind, wenn sich die Menschen in Ihrer Umgebung in einer bestimmten Weise verhalten, machen Sie Ihr persönliches Glück von etwas abhängig, was Sie selbst nicht beeinflussen können. Das Gleiche gilt für negative Gefühle. Wenn Sie andere Menschen darüber bestimmen lassen, wie Sie sich zu fühlen haben, geben Sie diesen Macht über Ihre Person. Ruhige und ausgeglichene Gefühle entstehen aus dem Wissen, daß Sie sich selbst entscheiden können. Deshalb sollten Sie grundsätzlich zuerst Zeit und Energie in sich selbst und in die harmonische Gestaltung Ihres Lebens investieren. Das hat nichts mit Egoismus zu tun. Wenn Sie Ihre Emotionen zur Ruhe bringen können, werden Sie Platz in Ihrem Kopf für positive Dinge schaffen und erleben, daß Ihnen alles leichter von der Hand geht.

Die Revalitätsfalle

Fällt es Frauen schwerer als Männern im Berufsalltag offen und fair miteinander zu konkurrieren? Gehen wir von männlichen Politikern aus, geben sie uns allen ein denkbar schlechtes Beispiel, was fairen Wettbewerb anbetrifft, zumindest in Wahlkampfzeiten. Bei Erzieherinnen habe ich häufig beobachten können, daß sie sich aus ihrer Frauenrolle heraus vor Konkurrenz fürchten: Wenn eine unsicher ist, aus Angst unterlegen zu sein, und selbst wenn sie meint, mehr zu können als die Konkurrentin um die Leiterinnenstelle, scheut sie den direkten Vergleich aus Angst, die Unterlegene zu verärgern und deren Zuneigung aufs Spiel zu setzen. Das hat sicherlich auch reale Hintergründe, da die Solidarität nicht selten in dem Augenblick endet, indem es einer gelingt eine Gehaltsstufe oder ein Treppchen höher zu steigen. Um die drohende Ablehnung von Kolleginnen erst gar nicht zu riskieren, verharren viele lieber in der vertrauten Position, als sich um die besser dotierte Stelle innerhalb der Einrichtung zu bewerben. Es gehört bestimmt nicht zu den ganz leichten Aufgaben, Konkurrenzsituationen ertragen zu lernen, dennoch hilft es, sich mit anderen zu vergleichen und die eigenen Fähigkeiten besser einzuschätzen. Wenn Sie Ihre Stärken kennen, können Sie diese gezielter ausbauen. Rivalität äußert sich auch in der Form, daß eine Kollegin eine andere ausstechen möchte, sei es um vor Eltern besonders gut dazustehen, um egoistische Interessen gegenüber Kolleginnen durchzusetzen oder einfach, weil man glaubt, da spekuliere jemand auf den Stuhl der Leiterin. Auch bei der Durchsetzung pädagogischer Konzepte kann es zu Rivalitäten innerhalb eines Kollegiums bzw. Teams kommen. Versuchen Sie, sich in solchen Situationen klarzumachen, daß Gegensätze wie „gut-schlecht, ehrlich-unehrlich, richtig-falsch" von vornherein nicht stimmen, da die „Wahrheit", wie die überwiegende Mehrheit aller Menschen, irgendwo dazwischen liegt. Andere auf ihr auffallendes Rivalitätsdenken aufmerksam zu machen, kann für Ihre eigene Verhaltensänderung wie für Ihre Selbstsicherheit von Nutzen sein. Dauerndes Rivalitätsdenken wird auch rasch zu Mobbing und führt in der Konsequenz zu seelischen und körperlichen Erkrankungen wie Depressionen, Magenbeschwerden und Herz- und Kreislauferkrankungen. Und auf die wollen Sie doch sicherlich verzichten.

Die Konfliktfalle

Die meisten Erzieherinnen profitieren von ihrem anerzogenen Harmoniebedürfnis. Leider lassen sich nicht alle Konflikte in Wohlgefallen auflösen. Der Wunsch nach Harmonie und das Bedürfnis, als Erzieherin von allen geliebt zu werden, führt bei mancher dazu, daß sie sämtlichen Konflikten aus dem Weg geht (siehe auch Vermeidungsfalle). Halten Sie auch Ihre Standpunkte zurück, aus Furcht, sich Sympathien zu verscherzen? Lassen Sie sich auch ständig zusätzliche Arbeiten aufhalsen, weil Sie Ihre Vorgesetzte oder Kolleginnen nicht verärgern wollen? Glauben Sie auch an die Weisheit, daß „der Klügere immer nachgibt"? Dieser Spruch vernebelt oft die Tatsache, daß sich andere auf Ihre Kosten Vorteile verschaffen. Wer dann der Klügere ist, liegt auf der Hand. Versuchen Sie, notwendige Konflikte auszuhalten und auszutragen, ohne daß Sie dabei Ihren Harmoniekurs gegen einen Konfrontationskurs austauschen. Vertreten Sie Ihre Interessen stärker und lernen Sie rechtzeitig „Nein!“ zu sagen, auch auf die Gefahr hin, nicht immer von allen geliebt zu werden. Nur so werden Sie sich langfristig davor schützen, von anderen ausgenutzt zu werden. Nicht zuletzt werden Sie in ihrem Beruf zu mehr Wohlbefinden kommen, wenn Sie sich nicht länger unterordnen und verbiegen lassen, sondern selbstsicher Ihre Ansichten vertreten und Durchsetzungsvermögen zeigen.

DIE ANGSTFALLE

Ängste bestimmen unseren Lebensverlauf sehr stark. Es gibt zahlreiche Grundängste, die unser Verhalten steuern, wie z.B. die Angst, nicht geliebt zu werden, die Angst vor Unbekanntem, vor Veränderungen, vor Menschen, vor Prüfungen und vielem mehr. Die Palette reicht von frühkindlichen Ängsten bis letztendlich zur sicherlich größten Angst, der Angst zu sterben.
Haben Sie sich schon einmal bewußt gemacht, wie oft Sie aus Angst etwas getan oder gelassen haben? Wie oft haben Sie in Ihrem Privat- oder Berufsleben bereut, etwas versäumt zu haben? Angst kann uns klein halten und anfällig für alles machen, was von außen auf uns zukommt. Auf Dauer macht Angst krank. Sie kann aber auch ein mächtiger Motivator sein, viel stärker als Freude und Lust. Angst beeinflußt unser Verhalten recht unterschiedlich. Sie kann unser Verhalten lähmen, aber auch aktivieren, sie kann zu Passivität verleiten oder auch ein Vermeidungsverhalten auslösen.
Da ist z.B. Cornelia, die sich selbst sehr stark unter Leistungsdruck setzt – eine gefährliche Basis für Angst. Sie hat sich als neue Kindergartenleiterin vorgenommen, auf einer Erzieherinnentagung ein perfektes Referat über die neue Konzeption ihrer Einrichtung zu halten. Aus lauter Streß, es vor den achtzig Hörerinnen besonders gut zu machen, stellt sich bei ihr Versagensangst ein. So etwas hatte sie zuletzt bei ihrer mündlichen Erzieherprüfung und dann noch einmal bei einem Bewerbungsgespräch erlebt. Sie fühlt sich wie das Kaninchen vor der Schlange: gelähmt. Ihre Gedanken kreisen nur noch um die Frage: Werde ich den Ansprüchen der Zuhörer überhaupt gerecht, kann ich ihre Erwartungen erfüllen? Cornelia bekommt Schweißausbrüche, der Mund ist ganz trocken, irgendwann verhaspelt sie sich beim Vortrag, findet die zuvor gut geordneten Seiten nicht mehr in der richtigen Reihenfolge. Alles, was dieser Angst jetzt

ein Ende bereiten könnte, würde Cornelia dankbar aufnehmen. Dennoch: Nach etwa 25 Minuten ist sie mit ihren Ausführungen am Ende. Die Botschaft ist rübergekommen, die Kolleginnen applaudieren. Danach fragt sich Cornelia, warum sie sich vorher so verrückt gemacht hat, soviel Angst vor diesem Auftritt hatte. Petra ist da ein anderer Typ. Sie wird von Angst beflügelt, erlebt diese als Ansporn und läuft dann erst so richtig zu Hochform auf. In einer mündlichen Prüfung oder in einer schwierigen Gesprächssituation mit Vertretern des Trägers ihrer Einrichtung sind alle Sinne hochaktiv und die Konzentration wird auf die Bewältigung der Situation gelegt. Zwar sind die Hände feucht und kalt, aber alles läuft wie von selbst.

Diese Beispiele kennzeichnen zwei Extraformen im Umgang mit Angst. Dazwischen liegen unzählige Ausprägungen. Beide Formen mit der Angst umzugehen, haben jedoch eine Gemeinsamkeit: Die bewußte Steuerung und Selbstkontrolle sind eingeschränkt.

Sprechen Sie mit einer Person Ihres Vertrauens über Ihre Ängste. Machen Sie sich bewußt, was bei Ihnen Angst auslöst. Versuchen Sie angstauslösenden Situationen nicht aus dem Weg zu gehen, sondern durch bewußte Konfrontation mit ihnen eine Bewältigung zu erreichen. Auch durch gezielte Entspannungstechniken (Autogenes Training und/oder Yoga) kann Angst verringert und unter Umständen bewältigt werden.

Bei Ängsten, die sich nicht auf einfache Art und Weise bewältigen lassen, kann eine psychotherpeutische Behandlung notwendig sein, wobei zwischen den unterschiedlichen Ängsten zu unterscheiden ist.

DER BERUFSEINSTIEG

BEWERBUNGSGESPRÄCH UND TROCKENÜBUNG

Sie haben Ihre Erzieherausbildung erfolgreich abgeschlossen, sich bei mehreren Trägern und Einrichtungen beworben und werden jetzt zu einem Vorstellungsgespräch gebeten.
Eine Bewerbung ist immer Werbung für sich selbst. Als Bewerberin müssen Sie im Vorstellungsgespräch Vertrauen in Ihre berufliche Leistung wecken und Sympathiepunkte sammeln, ohne Ihre Persönlichkeit dabei aufzugeben. Die Einstellenden, zu denen in den meisten Fällen Ihre Vorgesetzte gehört, müssen, wenn Sie aus dem Bewerbungsgespräch gehen, einen konkreten persönlichen Eindruck von Ihnen bekommen haben.

Da es bei dem Gespräch vorrangig um Ihre Person geht, will man natürlich herausfinden, ob Sie zur künftigen Einrichtung und den bereits vorhandenen Mitarbeiterinnen passen. Umgekehrt sollten Sie für sich die Frage klären, ob Sie in dieser Einrichtung arbeiten wollen. Es kann, muß aber nicht, ein Vorteil sein, wenn Sie bereits vor Ihrem Bewerbungsgespräch Informationen über die Art der Einrichtung, die Konzeption und Arbeitsweise sammeln konnten. Genauso können subjektiv gefärbte Eindrücke anderer Sie auch verunsichern. Hier gilt: Bilden Sie sich im Gespräch grundsätzlich Ihr eigenes Urteil. Herrscht in einer Einrichtung z.B. eine hohe Fluktuation, kann dies ein Alarmsignal sein, weil vielleicht der Führungsstil autoritär ist, die Kolleginnen untereinander Probleme haben oder die materielle Ausstattung unzureichend ist und wenig Entfaltungsspielraum und kreatives Handeln zuläßt.

Diese Hintergründe zu kennen, ist wichtig, da Sie schließlich in einer sozialpädagogischen Einrichtung, einem Kindergarten, Hort, im Jugendzentrum oder einem Heim arbeiten wollen, in dem Sie sich auch wohl fühlen.

Die großen Anstellungsträger sozialpädagogischer Arbeit sind die öffentliche Verwaltung (Städte und Gemeinden), die Kirchen und Verbände. Gesetze, Vorschriften, Ausführungsbestimmungen, die finanzielle und materielle Ausstattung, Konzepte, Leitungsstile wie fehlende Klarheiten über Arbeitsplatzbeschreibungen und Kompetenzen können die pädagogische Arbeit erschweren.

Verschaffen Sie sich durch folgende Fragen Klarheit über Ihren künftigen Anstellungsträger und die Einrichtung, für die Sie sich bewerben:

- Wie ist der Träger/die Einrichtung beschaffen, für die ich tätig werden möchte?
- Welche Leitbilder und Arbeitskonzepte bestehen für die Mitarbeiter bzw. das Team?
- Wie sieht meine Stellenbeschreibung in diesem Zusammenhang aus?
- Wer ist mir vorgesetzt und welche konkreten Aufgaben und Kompetenzen ergeben sich hieraus für mich?

- Welche materielle Ausstattung (Etat, Raum- und Sachausstattung, Medien, Hilfsmittel) steht für meine Arbeit zur Verfügung?
- Wie sehen die Arbeitsbedingungen aus (Teamarbeit, Weiterbildung, fachliche Begleitung, Aufstiegsmöglichkeiten)?

Machen Sie vor Ihrem offiziellen Vorstellungsgespräch zu Hause ein kleines Trockentraining, indem Sie für sich oder mit einer guten Freundin bzw. Ihrem Partner mögliche Fragen und Antworten durchgehen. Geben Sie Ihrem „Interviewer" einige Tips, welche Fragen er/sie stellen soll. Wir werden an etwas späterer Stelle auf diese Fragen eingehen.

IHR AUFTRITT

Erscheinen Sie zu Ihrem Vorstellungsgespräch auf jeden Fall pünktlich. Kleidung hat eine kommunikative Wirkung. Noch nie war Mode so liberal wie heute. So bleibt es auch Ihnen unbenommen, das Richtige für sich auszuwählen. Wer sich verkleidet fühlt, verliert an Sicherheit und Ausstrahlung. Denken Sie daran, daß es neben gepflegter Kleidung so etwas wie eine „innere Schönheit" gibt. Ihre Ausstrahlung von Optimismus und Lebensfreude wird dabei genauso wahrgenommen wie Ihr Outfit.
Ihre „Körpersprache" wird von der anderen Seite mitunter sensibel registriert. Ihre Haltung, Ihr Gesichtsausdruck und Ihre Gesten schaffen den ersten Gesamteindruck. Dabei geht es den Einstellenden oft wie Ihnen selbst: Ob Sie einen Menschen auf Anhieb sympathisch finden oder nicht, hängt von der eigenen Stimmung ab. Sich selbstbewußt zu fühlen, ist der erste Schritt, um Selbstbewußtsein mit dem ganzen Körper auszudrücken. Allerdings sollten Sie auch nicht versuchen, Ihre Nervosität oder innere Aufgeregtheit um jeden Preis zu verbergen. Künstlich vorgetragene Souveränität wirkt unecht, verkrampft und ist relativ leicht durchschaubar. Wenn Sie zugeben, daß diese Situation für Sie noch etwas ungewohnt ist, wird die Atmosphäre gelöster und Ihr Gegenüber sieht, daß Sie trotz der Aufregung zu sich stehen können.

Da die Körpersprache Signale an den anderen aussendet, sollten Sie darauf achten, ob Sie sich aufrecht oder krumm halten. Sitzt Ihre Gesprächspartnerin sehr aufrecht, sollten Sie sich nicht betont lässig zurücklehnen. Es ist generell klug, wenn Sie Ihre Körperhaltung der Ihrer Gesprächspartnerin angleichen.
Wenn wir die Augen als „Fenster der Seele“ bezeichnen, unterstreichen wir deren große Bedeutung für die zwischenmenschliche Verständigung. Wir fühlen uns unbehaglich, wenn wir in den Augen des Gesprächspartners keine Reaktion sehen können, wenn an uns vorbeigeschaut wird, oder wenn die Augen unstet hin und her fliegen. Unbewußt suchen wir eine Reaktion. Die Augen sagen uns, ob jemand zuhört oder nicht, ob ihn das, was wir sagen, beeindruckt, fasziniert oder auf Ablehnung stößt. Bemühen Sie sich um einen freundlichen, entspannten Blickkontakt. Zusammen mit Ihrer Körperhaltung, Gestik und Mimik unterstreichen Sie so eine Botschaft, die Sie vermitteln wollen.
Mund und Kinn können subtile Signale senden. Aufeinander gepreßte Kiefer und verkniffener Mund teilen Spannung, Verkrampfung und Aggression mit. Häufig stehen nonverbale Signale und wirkliche Aussage im Widerspruch. Die Psychologie spricht von der „nonverbalen Reduktion“. Ein Beispiel ist das Lächeln, das zu breit, zu starr ist oder zu lange dauert. Ein solches Lächeln ist uns in der Regel unangenehm, weil wir darin etwas Unaufrichtiges bemerken oder vermuten. Dies bedeutet nicht unbedingt, daß die uns so anlächelnde Person absichtlich versucht, uns zu täuschen.
Wahrscheinlich haben Sie sich schon während Ihrer Ausbildung zur Erzieherin mit der Wirkung Ihrer Stimme und Ihres Sprachverhaltens beschäftigt. Sie wissen, daß Ihre Stimme einen großen Eindruck auf Ihre Mitmenschen hinterlassen kann. Sie ist auch beim Vorstellungsgespräch mit ausschlaggebend für die Meinung, die man sich von Ihnen bildet. Ihr Gegenüber wird irritiert, wenn Ihre Stimme monoton klingt, phlegmatisch, unterkühlt, unmelodisch, schrill, flüsternd oder dröhnend ist. Klingt Ihre Stimme gleichgültig, wird der Einstellende Sie auch für gleichgültig halten. Sprechen Sie sehr schnell, haspelnd und fahrig, wird man daraus interpretieren, daß Sie hektisch, nervös und chaotisch sind.
Versuchen Sie Ihre Stimme zu kontrollieren. Verleihen Sie Ihrer Stimme Ausdruckskraft. Sprechen Sie nicht zu schnell. Geben Sie Ihren Zuhörern die Möglichkeit, das Gehörte zu verarbeiten. Modu-

lieren Sie Ihre Stimme und – was nicht jedem leichtfällt – achten Sie auch auf den Tonfall Ihrer Stimme, wenn Sie aufgeregt oder verärgert sind.
Wer während des Vorstellungsgesprächs mit den Haaren spielt, sich am Kopf kratzt, an der Armbanduhr herumfingert oder sich auf die Lippen beißt, zeigt Gesten der Spannung und Nervosität. Wenn Sie mit den Füßen scharren oder klopfen, senden Sie Signale der Ungeduld und Verlegenheit. Sind Sie sich Ihrer Gesten erst einmal bewußt, werden Sie in der Lage sein, diese zu kontrollieren.

KLASSISCHE UND BANALE FRAGEN

Es gibt eine Reihe von Fragen, die bei fast jedem Bewerbungsgespräch gestellt werden. Damit Sie sich nicht selbst durch banale Äußerungen ins Abseits drängen lassen, hier die wichtigsten Fragen:
Warum möchten Sie gerade bei uns arbeiten?
Wenn Sie sich vorher über die Einrichtung schlau gemacht haben, können Sie jetzt Kompetenz zeigen, indem Sie sich z.B. zum Konzept des Kindergartens äußern und inwieweit Sie mit diesem Konzept vertraut sind und welche Vorteile Sie in diesem sehen...

Was haben Sie bisher gemacht?

Diese Frage wird auch Berufsanfängerinnen gestellt. Es geht bei dieser Frage nicht nur darum, daß Sie Ihren Lebenslauf herunterrasseln, sondern daß Sie jetzt auch besondere Fähigkeiten, Stärken und Talente herausstreichen können. Da eine etwa 22jährige noch nicht über die so oft gewünschte langjährige Berufserfahrung verfügt, nützt es, wenn Sie z.B. verschiedene Praktika vorweisen können, insbesondere in dem Arbeitsfeld, für das Sie sich bewerben. Auch die Aussage, daß Sie jederzeit bereit sind, sich selbständig in ein neues Arbeitsgebiet einzufinden, erhöht Ihre Chancen angenommen zu werden.

Worin sehen Sie Ihre Stärken?

Tappen Sie hier nicht in die Bescheidenheitsfalle, sondern nennen Sie ohne zu dick aufzutragen, Ihre besonderen Qualitäten. Verzichten Sie möglichst auf so banale Standardstärken wie Freundlichkeit,

Zuverlässigkeit, guter Umgang mit Kindern und Organisationstalent. Diese Stärken werden bei jeder Erzieherin als unverzichtbar angesehen. Besser ist das Herausstellen von Qualitäten wie Kreativität, Ausdauer, Belastbarkeit, Kooperationsfähigkeit und Motivation.

Wieso möchten Sie wechseln?

Diese Frage gilt natürlich nicht der Berufsanfängerin. Sollten Sie vorher in einer anderen Einrichtung tätig gewesen sein, machen Sie auf keinen Fall den fatalen Fehler, auf Differenzen mit dem bisherigen Arbeitgeber, Ihrer Vorgesetzten und Ihren Kolleginnen hinzuweisen. Selbst wenn dort alles andere als gutes Arbeitsklima bestand, sollten Sie darauf hinweisen, daß Sie dort wichtige Erfahrungen sammeln konnten und sich jetzt reif für eine neue Herausforderung fühlen. So sagen Sie nicht einmal die Unwahrheit.
Fragen, die religiöse, weltanschauliche Aspekte und Ihre Intimsphäre anbetreffen, sind indiskutabel. Eine Ausnahme besteht, wenn von seiten des Arbeitgebers ein berechtigtes Interesse besteht. Haben Sie vor, in einem kirchlichen Kindergarten zu arbeiten, ist Ihre Zugehörigkeit und Einstellung zur Kirche schon von Bedeutung.
Wenn Sie nach der Fachschule oder Ihrer letzten Tätigkeit längere Zeit arbeitslos waren, gibt es keinen Anlaß, sich zu rechtfertigen. Es ist von großem Vorteil, wenn Sie in dieser Übergangszeit Kurse besucht und sich fortgebildet haben, um jetzt optimistisch und hochmotiviert wieder neu in den Erzieherberuf einzusteigen. Es kommt auch immer wieder vor, daß Erzieherinnen nach ihrer „Familienplanung“ gefragt werden. Mir ist nicht bekannt, daß je einem männlichen Kollegen diese Frage gestellt wurde. Weder ein patziger Hinweis, daß diese Frage diskriminierend sei, noch die Behauptung, man wolle keine Kinder haben, sind hilfreich. Besser ist, Sie sagen, daß sich diese Frage für Sie zur Zeit nicht stellt.
Auch sogenannte „Löcher“ im Lebenslauf lassen sich positiv interpretieren. Wenn Sie z.B. nach der Ausbildung für ein bis zwei Jahre etwas anderes gemacht haben, kann das für Sie eine wichtige Orientierungsphase gewesen sein oder Sie haben Ihre Fremdsprachenkenntnisse erweitert. Damit Sie nicht als unglaubwürdig dastehen, sollten Sie auch Fehler eingestehen, die Sie damals gemacht haben. Letztenendes haben Sie aus diesen Erfahrungen gelernt. Sollten Sie trotz intensiver Vorbereitung nach dem Vorstellungs-

gespräch dennoch eine Absage erhalten, ist dies zunächst sicher enttäuschend. Lassen Sie sich nicht entmutigen. Sie haben intensives Training hinter sich, das Ihre Chancen beim nächsten Gespräch mit Sicherheit erhöht.
Hat man sich jedoch für Sie entschieden, so ist mit Ihnen ein Vertrag abzuschließen, in dem alles stehen muß, was mit Ihnen abgesprochen wurde. Gerade für Berufsanfängerinnen ist wichtig zu wissen, welche Einzelheiten im Anstellungsvertrag enthalten sein müssen.
Hierzu gehören:

- Anstellungsbeginn, Einarbeitungszeit
- Klare Definition der Tätigkeit oder Position (Gruppenerzieherin als ständige Leitungsvertretung oder Kindergartenleiterin)
- das Gehalt (nach BAT oder KAT)
- Dauer der Probezeit und Kündigungsfrist
- sonstige Zusatzleistungen des Anstellungsträgers
- Arbeitszeit
- soziale Leistungen
- Hinweise auf geltende Tarifbestimmungen
- Verschwiegenheitspflicht
- Urlaubsdauer
- zusätzliche Leistungen, z.B. Versicherungen
- Beendigung des Arbeitsverhältnisses.

Die in Tarifverträgen geregelten Dinge bedürfen keiner Regelung im Vertrag. Es genügt ein allgemeiner Hinweis.

Vom richtigen Umgang mit schwierigen Vorgesetzten

Am Vorgesetzten kommt niemand vorbei

Ein Berufseinstieg ist keine leichte Sache. Auf die frisch examinierte Erzieherin warten neben den Kindern bzw. Jugendlichen, Kollegen, Vorgesetzten und Eltern auch Probleme und Tücken, die sich aus den unterschiedlichen Wechselbeziehungen ergeben können. Der Start in den neuen Lebensabschnitt löst, wie jede größere Veränderung, zunächst gemischte Gefühle aus. Zwar ist jetzt das langersehnte Ende der Fachschulausbildung gekommen, Prüfungen, Dozenten und Noten sind endlich überstanden, und nach der Theorie und den verschiedenen Praktika kommt nun die alltägliche Realität, das „wirkliche" Berufsleben. Spätestens jetzt fragen Sie sich, ob es richtig war, Erzieherin zu werden. Vielleicht beginnen Sie auch zunächst an sich zu zweifeln, ob es Ihnen gelingen wird, das erworbene Theoriewissen in die Praxis umzusetzen. Und nicht zuletzt: Wie wird die Zusammenarbeit mit meiner Vorgesetzten und meinen Kolleginnen funktionieren?

Wenn Sie früh lernen, berufliche Probleme zu erkennen und schon zu Beginn die Weichen zu stellen, wird Ihnen die Arbeit in Ihrem selbstgewählten Beruf Freude und Befriedigung bringen. Daß jedem Berufsanfänger, ob Frau oder Mann, zu Beginn Fehler unterlaufen und nicht immer alles reibungslos läuft, ist selbstverständlich. Manche werden auch schon zu Beginn mit unglücklichen personellen Konstellationen und heftigen Situationen konfrontiert werden.

An Vorgesetzten kommt niemand vorbei, auch Erzieherinnen nicht. Also muß es in Ihrem Interesse liegen, ein gutes Verhältnis zu Ihrer Vorgesetzten aufzubauen. Dazu gehören zunächst einmal Wertschätzung und der nötige Respekt. Wenn Sie nämlich den gleichen Fehler machen wie Hannah, die als Berufsanfängerin schon nach wenigen Tagen zum Ausdruck brachte, daß ihre Leiterin inkompetent sei und über keine Qualitäten verfüge, dann verletzen Sie zwangsläufig Spielregeln, z.B. indem Sie Anweisungen nicht ernst nehmen oder sich im Ton vergreifen. Auch Vorgesetzte benötigen Anerkennung. Haben sie das Gefühl, nicht akzeptiert zu werden, reagieren sie verunsichert, verletzt oder verärgert, in jedem Fall jedoch negativ. Und da Vorgesetzte nun einmal am längeren Hebel sitzen, können Sie sehr schnell Probleme bekommen, die Ihnen den Arbeitsalltag erschweren, wenn nicht sogar verleiden können.

Respekt vor Ihrer Vorgesetzten zu haben, bedeutet nicht, daß Sie ihr ehrfurchtsvoll und ergeben begegnen sollen. Mit devotem Verhalten schaffen Sie sich nur neue Probleme. Denn wie wollen Sie respektiert und akzeptiert werden, wenn Sie scheinbar selbst nur wenig von sich halten?

Gute Arbeitsergebnisse basieren in der Regel immer auf einem partnerschaftlichen Vorgesetzten-Mitarbeiter-Verhältnis, das durch gegenseitigen Respekt und Selbstvertrauen auf beiden Seiten gekennzeichnet ist.

TRANSAKTIONSANALYSE UND PERSÖNLICHES WOHLBEFINDEN

Unsere emotionale Verfassung ist weitgehend davon abhängig, wie wir uns im Zusammenspiel mit anderen erleben. Es gibt Menschen, in deren Gegenwart wir uns wohl fühlen und mit denen wir schnell in Kontakt kommen, weil die Chemie stimmt. Ebenso gibt es Situationen, wo wir die Gegenwart anderer als mühsam und anstrengend empfinden.

Eine Erzieherin erzählte mir vor kurzem, daß sie eine neue Arbeitsstelle gefunden hat. Der Grund für die Suche nach einem neuen Arbeitsplatz lag im wesentlichen in dem sehr schlechten Verhältnis zur Leiterin ihres „alten" Kindergartens. Sie fühlte sich ihr gegenüber wie ein ständig bevormundetes Kind und empfand die Leiterin als ignorant und herablassend. Bei ihrer neuen Vorgesetzten ist sie überzeugt, daß sie eine gemeinsame Basis haben und sich gegenseitig respektieren.

Das Modell der Transaktionsanalyse nach dem humanpsychologischen Ansatz von Eric Berne macht deutlich, wie sich zwei Menschen gegenseitig einschätzen und welche Auswirkungen das auf ihr Miteinander und somit auf ihr persönliches Wohlbefinden hat.

	ich bin o.k.	ich bin nicht o.k.
Du bist o.k.		ich bin weniger wert als Du
Du bist nicht o.k.	ich bin mehr wert als Du	wir sind beide wertlos

Beim obigen Beispiel wird deutlich, daß sich unsere Erzieherin ihrer früheren Vorgesetzten gegenüber in dem Fenster „ich bin weniger wert als Du" befand, ihre Vorgesetzte in dem Feld ansiedelte „ich bin mehr wert als Du". Es ist nicht verwunderlich, daß sie sich bei dieser Schieflage auf Dauer unzufrieden und unglücklich fühlt. Sehr viel Energie wird benötigt, um aus dieser Position wieder herauszukommen und sein Selbstwertgefühl zu stärken. Die Erzieherin hat während dieser Zeit auch zugenommen, weil sie ihren Frust durch viele Süßigkeiten kompensierte. Als sie sich schließlich vornahm, die

Arbeitsstelle zu wechseln, glaubte sie zunächst, gar nicht angenommen zu werden. Ihr Selbstwertgefühl war ziemlich im Keller. Mit ihrer Vorgesetzten begann der Kontakt auf der Ebene: „Ich bin o.k., Du bist o.k., wir sind beide gleich wertvoll“. Auf dieser Grundlage fühlt sie sich jeden Tag neu motiviert, sich den Herausforderungen ihres Berufes zu stellen. Die neue Leiterin hat eine tüchtige Mitarbeiterin gewonnen und die Erzieherin hat eine gerechte Vorgesetzte gewonnen.

Im Hinblick auf den Umgang mit schwierigen Vorgesetzten und Kollegen kann auch noch die Kenntnis von der Gesetzmäßigkeit des Verursacherprinzips hilfreich sein. Danach hat derjenige Probleme mit anderen, der auch Probleme mit sich selbst hat. Und wer Probleme mit sich selbst hat, hat auch Probleme mit anderen. Wer keine Probleme mit sich hat, kommt auch mit anderen zurecht, und wer mit anderen zurecht kommt, hat keine Probleme mit sich. Diese Gesetzmäßigkeit gilt für „normale“ gesunde Menschen, die freundlich, hilfsbereit und großzügig sind, nicht jedoch für Neurotiker und Gemütskranke.

Von der Kompensation persönlicher Defizite

Als Erzieherin verfügen Sie in der Regel über soziale Kompetenz, also über die Fähigkeit, sich schnell und reibungslos den verschiedenen sozialen Situationen anpassen zu können.

Haben Sie sich einmal Gedanken gemacht, welche sozialpsychologische Rolle Sie für Ihre Vorgesetzte spielen?

Bewußt oder unbewußt werden Sie von Ihrer Vorgesetzten in erster Linie nach dem Nutzen beurteilt, den Sie ihr erbringen. Eine Vorgesetzte hat immer Ziele, z.B. ihre Stellung zu halten, ihren Neigungen nachzugehen, ungeliebte Arbeitsgebiete von anderen erledigen zu lassen, sich auszuleben, sich unangreifbar zu machen und voranzukommen bzw. aufzusteigen. Dahinter steckt das Bedürfnis, möglichst viel Behagen am Arbeitsplatz zu erleben und Unbehagen, was immer dies für sie bedeuten mag, aus dem Weg zu gehen.

Die Vorgesetzte erwartet von Ihnen, in der Verfolgung ihrer Ziele unterstützt zu werden, was voraussetzt, daß Sie die Ziele Ihrer Vorgesetzten genau kennen. Dabei hilft es Ihnen, wenn Sie sich mit der Gesetzmäßigkeit von der Kompensation persönlicher Defizite aus-

kennen. Sie lautet: Sage mir, was Du schätzt, und ich sage Dir, was Dir fehlt. Sage mir, was Dir fehlt und ich sage Dir, was du schätzt. Einer hektischen und chaotischen Vorgesetzten geht Ordnungsliebe über alles. Eine Indiskrete schätzt Verschwiegenheit, eine Schwatzhafte Wortkargheit.
Wer hindert Sie daran, die Arbeitsweise Ihrer Vorgesetzten zu studieren? Ist sie hektisch, chaotisch, eine Perfektionistin, über das Maß des Erträglichen hinaus ehrgeizig, sehr umtriebig, eine Workaholic oder schiebt sie eine ruhige Kugel und tut so, als würde sie unter der Last der Bürde zusammenbrechen?
In all diesen Fällen hilft Ihnen die Anwendung der Gesetzmäßigkeit von der Kompensation des persönlichen Defizites. Sollte die Vorgesetzte Probleme mit der Organisation und Planung haben, wird sie insgeheim Menschen schätzen, die planen, strukturieren, organisieren und koordinieren können. Daraus ergibt sich die Erkenntnis, daß Sie lernen müssen, Ihre Vorgesetzte zu ergänzen. Sie wird es Ihnen danken – mit einer kleinen Einschränkung. Die defizitäre, also bei ihr unterentwickelte oder nicht vorhandene Eigenschaft darf für Ihre Vorgesetzte keine Gefahr darstellen. Wenn z.B. nach der Gesetzmäßigkeit der Kompensation eine eher schwerblütige, wenig redegewandte Vorgesetzte bei Ihnen das Gegenteil bewundert, also flottes, sprachgewandtes Auftreten, dann kann es zunehmend zu Situationen führen, in denen sie sich überfordert, verunsichert oder sogar übervorteilt fühlt.
Wer das Gefühl hat, er tut etwas für sich, der tut dieses gern. Er empfindet Arbeitsfreude. Wer das Gefühl hat, er muß es für andere tun, empfindet nicht immer, aber meist Arbeitsleid. Kluge Vorgesetzte erreichen die uneingeschränkte, für sie beste Zusammenarbeit in einer Interessengemeinschaft von Verbündeten. Aber dies verstehen in der Regel nur wenige Vorgesetzte.
Wenn Sie sich über Ihre Vorgesetzte ärgern, weil Sie sich von ihr ungerecht behandelt fühlen oder weil sie Ihre Vorstellungen und Absichten – aus welchen Gründen auch immer – durchkreuzt, kommt es bei Ihnen zu Mißstimmung, Wut und vielleicht sogar Traurigkeit. Stellen Sie den Ärger in den Mittelpunkt Ihres Denkens, kommt es zu einer Art „Selbstvergiftung“, weil etwas oder jemand nicht so funktioniert, wie Sie es gerne hätten. Befinden Sie sich persönlich gerade in einer solchen Situation, dann überlegen Sie sich einmal, warum Sie sich über Ihre Vorgesetzte ärgern und welche

Ihrer Absichten sie immer wieder vereitelt (z.B. Ihren Wunsch nach Unterstützung, Ehrlichkeit, Anerkennung, Fairneß, Ordnung, Kooperation usw.). Schreiben Sie auf, welche Absichten Ihre Vorgesetzte immer wieder durchkreuzt, wie Sie bisher reagiert haben und überlegen Sie mit einer Person Ihres Vertrauens, welche Verhaltensalternativen es für Sie gibt.
Ihre Vorgesetzte ist vielleicht weniger intelligent als Sie, schlechter erzogen und Ihnen noch in einer ganzen Reihe weiterer Punkte unterlegen. Dennoch ist sie Ihre Vorgesetzte und kann über Sie verfügen, indem sie die Anordnungen trifft. Ihre Vorgesetzte ist Ihnen gewohnheitsrechtlich in vielen Punkten überlegen, besonders im Hinblick auf die Manipulation. Sie wird dies zwar nicht so nennen, sondern von Motivation sprechen, obgleich der Versuch Sie zu motivieren, wieder von dem Wunsch diktiert ist, Sie zu manipulieren. So etwas nennt man „Mitarbeitermotivation“. Ganze Heere mehr oder minder qualifizierter Psychologen und Trainer verdienen sich bei entsprechenden Seminaren im Namen ihrer Auftraggeber goldene Nasen.

GUTE ENTWICKLUNGSMÖGLICHKEITEN DURCH SCHWACHE VORGESETZTE

Bei Beginn einer neuen Zusammenarbeit entstehen viele Probleme auch, weil das Verhältnis zwischen Vorgesetzter und Mitarbeiterin noch nicht eingespielt ist oder durch anfängliche Mißverständnisse belastet wird. Warten Sie nicht darauf, daß Ihre Vorgesetzte den ersten Schritt unternimmt. Es gibt viele Möglichkeiten, den Kontakt zu Ihrer Vorgesetzten herzustellen und zu verbessern. Zwar ist es grundsätzlich besser, von einer kompetenten, starken und fairen Vorgesetzten zu profitieren, die Ihnen vieles vermitteln und gerade zu Beginn gut unterstützen kann. Doch auch eine schwache Vorgesetzte bietet Ihnen gute Entwicklungsmöglichkeiten, wenn Sie in der Lage sind, deren Mängel zu nutzen, um eigene Defizite auszugleichen. Sie erinnern sich dabei bestimmt an die Gesetzmäßigkeit von der Kompensation persönlicher Defizite!
Für eine Berufsanfängerin gibt es sicherlich auch Situationen, wo sie sich beim Zusammentreffen mit ihrer Vorgesetzten unsicher und blokkiert fühlt oder vielleicht sogar Angst hat. Sie wissen, daß Angst ein großer Hemmfaktor ist, der Ihre Energie, Kreativität und Konzen-

trationsfähigkeit empfindlich stört. Angst ist auch ein großer Motivationskiller. Es gibt Erzieherinnen, die diese Erfahrungen bereits während ihrer Ausbildung im Umgang mit ihren DozentInnen und AnleiterInnen gemacht haben. Wer Angst hat, neigt zu überangepaßtem Verhalten.

Um Gefühle der Unsicherheit und Angst erfolgreich bekämpfen zu können, muß man sich der Ursachen bewußt werden. Liegen sie in meiner Vorgesetzten oder in mir selbst begründet? Auch im Berufsalltag der Erzieherin ist Lob bisweilen dünner gesät als Kritik. Anweisungen fallen manchmal etwas knapper und forscher aus und auch wenn die Vorgesetzte selbst unter Druck steht, kann es passieren, daß sie überzogen reagiert. Ich sagte schon an anderer Stelle, daß die Vorstellung Erzieherin zu werden, weil man dann von (fast) allen geliebt wird, nicht greift. Wenn Sie sich von Anfang an klarmachen, daß der Beruf der Erzieherin ein moderner sozialpädagogischer Dienstleistungsberuf ist, wo Anerkennung und Lob in erster Linie über das Gehalt abgegolten werden, befinden Sie sich auf dem richtigen Weg.

Jeder Mensch geht für sich unterschiedlich mit Distanz und Nähe zum anderen um. Bei Vorgesetzten, die selbst sehr unsicher sind oder ihre Position ausschließlich über ihre Fachkompetenz erhalten haben, kann man Verhaltensweisen beobachten wie bei Iris, die es sich zur ersten Aufgabe als neue Kindergartenleiterin machte, ihr Büro zum Flur hin mit Rolläden zu versehen. Diese Abschirmung wurde vom Team, das sich bereits seit vielen Jahren kannte, als bewußt gesetzte Abgrenzung empfunden. Iris zeigte, daß sie in Ruhe gelassen werden wollte, was dann auch geschah. Ein glückliches Händchen zur Mitarbeiterführung bewies sie damit nicht.

Allein das Wissen um die Tatsache, daß Vorgesetzte Ängste vor ihren Untergebenen haben, kann Ihnen wenig helfen, das Ganze etwas gelassener zu sehen. Die häufigsten Unsicherheiten und Ängste bei Berufsanfängern sind die Furcht zu versagen, Leistungsdruck und Streß. Versagensängste haben immer etwas mit mangelndem Selbstvertrauen zu tun, das seine Wurzeln in der Kindheit haben kann, aber auch in der Schule und Berufsausbildung verstärkt wurden. Leistungsdruck entsteht meist, wenn Sie sich selbst stark unter Druck setzen. Gestreßte Menschen bekommen es leichter mit der Angst zu tun, weil allein schon der Einstieg ins Berufsleben eine Streßsituation darstellt.

Überwinden Sie Ihre Ängste und machen Sie sich Mut, indem Sie Kontakt zu Ihrer Vorgesetzten suchen, indem Sie ihr z.B. mit einem harmlosen Anliegen kommen. Allmählich lernen Sie sie dadurch kennen. Sind größere Besprechungen angesagt, bereiten Sie sich darauf sorgfältig vor. Wenn Sie unvorbereitet zu Ihrer Vorgesetzten gerufen werden und in Ihnen sofort die Angst hochsteigt, zählen Sie innerlich langsam bis zehn, atmen Sie ruhig durch und Sie haben sich wieder im Griff. Die eigene Unsicherheit wird nur verstärkt, wenn Sie von sich selbst ein negatives Bild erstellen.

Als Erzieherin sind Sie für einen Beruf ausgebildet, der eigenverantwortliches Handeln im Umgang mit den Ihnen anvertrauten Kindern und Jugendlichen abverlangt. Am Anfang werden Sie im Umgang mit Ihren Kolleginnen und Ihrer Vorgesetzten erst noch das Gespür entwickeln, wann Sie eigenmächtig handeln sollten und wann eher nicht. Der Balanceakt zwischen Aufgabenerfüllung und Eigeninitiative erfordert etwas Fingerspitzengefühl. Wenn Sie als „Neue“ in der Einrichtung kleine Startprobleme haben, sollten Sie diese nicht zur „Chefsache“ machen. Ihre Kolleginnen können bei den meisten alltäglichen Fragen ebenso gut Auskunft geben. Manchmal sogar noch besser, wenn diese bereits seit langer Zeit in der Einrichtung tätig sind. Nur mit wichtigen und für Sie schwierigen Fragen sollten Sie direkt zu Ihrer Vorgesetzten gehen. Die meisten Vorgesetzten – einige neurotische ausgenommen – mögen Mitarbeiterinnen, die mitdenken und nicht erst für jeden Handgriff grünes Licht brauchen. Hat Ihre Vorgesetzte offensichtlich Lust, länger mit Ihnen zu plaudern, können Sie diese Gelegenheit nutzen, neben der rein beruflichen Ebene auch die zwischenmenschliche auszubauen. Die meisten Vorgesetzten legen Wert auf ein spannungsfreies Verhältnis zu ihren Mitarbeitern, was um so verständlicher sein dürfte, wenn es sich um wenige Kollegen in einer kleinen Einrichtung handelt.

Zu Beginn tun Sie gut daran, Ihrer Vorgesetzten nichts auf die Nase zu binden, was sie einmal gegen Sie verwenden könnte. Bevor der Mitteilungsdrang Sie überwältigt, empfiehlt sich auch hier die Anwendung der Regel, innerlich langsam bis zehn zu zählen, und dann haben Sie sich wieder in der Kontrolle. Natürlich sollen Sie Ihrer Vorgesetzten nicht zu geheimnisvoll erscheinen. Sie selbst – und niemand anderes sonst – entscheiden darüber, wieweit Sie sich öffnen. Erzählen Sie Gutes, denn Gutes gibt es überall. Vertrauen zueinander entwickeln ist eine Frage der Zeit.

Wer arbeitet, macht auch Fehler

Erzieherinnen mit dem Hang zum Perfektionismus haben gerade als Berufsanfängerinnen große Probleme, wenn einmal etwas falschgelaufen ist. Sie erleben den gemachten Fehler als Belastungsprobe, haben schlaflose Nächte und schließlich Angst, als Versagerin dazustehen. Aus einer inneren Barriere entsteht somit eine tatsächliche äußere.

Denken Sie stets daran: Wer arbeitet, macht auch Fehler. Das gilt für Sie ebenso wie für Ihre Kolleginnen und Vorgesetzten. Kleine Mißgeschicke können Sie selbst ohne großen Aufwand bereinigen und dürfen sie getrost für sich behalten. Bei anderen Pannen genügt es meist, wenn Sie eine Kollegin Ihres Vertrauens hinzuziehen. Sollte es einmal Probleme geben, wo Ihnen z.B. Eltern schwerwiegende Fehler vorwerfen, werden Sie gut daran tun, Ihre Vorgesetzte einzuweihen. Verschweigen bringt hier nichts als zusätzlichen Ärger und Verstimmung bei Ihrer Vorgesetzten. Wenn Sie einen Fehler gemacht haben, sollten Sie auch dafür einstehen. Geben Sie den „Schwarzen Peter“ nicht weiter, wie es häufig charakterschwache Vorgesetzte tun, gleich ob als Leiterin einer Einrichtung oder als Anleiterin für eine Praktikantin. Sie demonstrieren Professionalität, wenn Sie in der Lage sind, berechtigte Kritik zu akzeptieren. Reagieren Sie beleidigt, wehleidig oder hilflos, stecken Sie tief in der Kritikfalle. Lernen Sie mit der Kritik Ihrer Vorgesetzten umzugehen und signalisieren Sie durch Ihr Verhalten, daß Sie Ihren Fehler reflektieren können und bereit sind, daraus zu lernen.

Nun gibt es natürlich auch die Vorgesetzte, die aus einer Verärgerung heraus mehr oder minder oft zu Unrecht Kritik austeilt. Selbst wenn es Sie überfordern dürfte, für diese Vorgesetzte die Therapeutin zu spielen, können Sie etwas für sich selbst tun, indem Sie sich in derartigen Situationen desensibilisieren, sich also unempfindlich machen. Bleiben Sie ruhig, wenn Ihre Vorgesetzte Sie oder eine Kollegin in Ihrer Anwesenheit abkanzelt. Sie ist verärgert und aus dieser Verärgerung heraus zunächst für sich selbst das größte Problem. Zählen Sie auch hier zunächst innerlich wieder ganz ruhig bis zehn, bevor Sie mit einer – möglichst durchdachten – Äußerung Ihre Stellungnahme zur ungerechtfertigten Kritik abgeben. Wenn Sie derartige Fehlpässe Ihrer Vorgesetzten öfter erleben, aber ansonsten gut mit ihr zurechtkommen, hilft es auch, sich in den Alphazustand zu versetzen. In diesem Zustand erzeugt unser Hirn 7-11 Hertz, ist also ziemlich „dösig“ und deswegen in der Lage, am leichtesten etwas zu lernen, so auch eine Änderung unseres Verhaltens. Aus der Neurologie ist bekannt, daß der Input unseres Gehirns im Alphazustand am größten ist. Dahinter steckt die Kunst der Entspannung, auf die am Ende dieses Buches eingegangen wird. Also: Denken Sie, während Ihre Vorgesetzte ein schlechtes Beispiel an Kritikäußerung und Selbstbeherrschung abgibt, an etwas Schönes, versuchen Sie entspannt an ein positives Erlebnis zu denken, träumen Sie einen Augenblick von einer grünen Wiese, von Ihrem Garten, vom Lehnstuhl am Kaminfeuer oder anderen angenehmen Stunden. Sobald Ihnen dies gelingt, befinden Sie sich höchstwahrscheinlich in Alpha und sind innerlich ganz ruhig. Mit autogenem Training, Yoga und Entspannungsübungen können Sie sich systematisch in Alpha versetzen und auch im Umgang mit ungerechtfertigter und schlecht vorgetragener Kritik der ganzen Sache einen positiven Dreh geben.

Über die Spielarten „typischer“ Eigenschaften und Verhaltensweisen

Auf allen Berufsebenen begegnen uns Menschen, die wie wir selbst auch über scheinbar „typische“ Verhaltensweisen verfügen. Die auf den folgenden Seiten dargestellten „Typen“ von Vorgesetzten und Kolleginnen werden Ihnen schon in mehr oder weniger deutlicher Ausprägung begegnet sein. Vielleicht erkennen Sie auch in den Typenbeschreibungen eigene Wesenszüge. „Typologien“ gehen von Eigenschaften aus, die unverändert bzw. bestimmend das Verhalten des Trägers/der Trägerin kennzeichnen. Während sich viele Eigenschaften und Persönlichkeitsprofile im Lauf des Lebens wandeln, gibt es durchaus Verhaltensweisen, die bestimmte Personen als „typisch“ kennzeichnen. Trotz der gewissen Schematisierung, die mit der Einteilung in Typen zusammenhängt, lassen sich bestimmte Verhaltensweisen besser analysieren und dementsprechend behandeln. Gerade als Erzieherin werden Sie sich immer wieder fragen, warum sich Kolleginnen und Vorgesetzte gerade so verhalten und nicht anders.

Bei all den vielen Spielarten schwieriger KollegInnen und Vorgesetzter, mit denen Sie es im Berufsalltag zu tun haben, liegen ähnliche Ursachen vor: Durch irgendwelche Ereignisse hat deren Selbstwertgefühl einen Knick bekommen. Dieser Zustand äußert sich nun in ihrer Wesensart, z.B. in der Rolle der Nörglerin, der übersteigerten Kontrolleurin, der Launenhaften oder Ressentimentgeladenen.
Im Normalfall befinden wir uns als Menschen im ausgewogenen Verhältnis zu unserer Umwelt, was nicht ausschließt, daß jeder bemüht ist, sich weiter zu entwickeln und voranzukommen. Dies setzt eine realistische Einschätzung der eigenen Fähigkeiten und Grenzen voraus.
Ein menschliches Grundbedürfnis ist, die Bestätigung durch die Umwelt zu erhalten. Bleibt sie versagt, kann es zu Minderwertigkeitsgefühlen kommen, die sich in Geltungsstreben oder Flucht in die Krankheit äußern. Auch wird versucht, das gestörte Gleichgewicht auf kompensatorischem Weg herzustellen. Eine Kollegin ist dann zum Beispiel doppelt empfindlich für alle Kritik und sieht in anderen von vornherein einen Widersacher. Besonders schwierig wird es, wenn jemand von seiner Umgebung zuviel erwartet und dadurch in Konflikt mit den Erwartungen der Kolleginnen gerät. Da ist z.B. die „überqualifizierte" Erzieherin Birgit, die eine unsichtbare Krone auf ihrem Kopf trägt und unwirsch reagiert, wenn andere diese nicht sehen. Statt ihre eigenen Fähigkeiten realistisch einzuschätzen, fühlt sie sich verkannt und erlebt ihre Kolleginnen als ignorant und ungerecht. Letztlich führen diese subjektiv erlebten „Enttäuschungen" zu einer Art Beziehungswahn, bei dem sich die Überzeugung festsetzt, sie sei überqualifiziert, und aus Neid darüber wollen die anderen sie nicht hochkommen lassen. Für eine Vorgesetzte ist es nicht einfach, gegenüber einer neurotischen und psychopathischen Mitarbeiterin den richtigen Ton zu finden, zumal weder die sozialpädagogische Arbeitsstätte, noch die zuvor absolvierte Fachschule die Funktion einer psychotherapeutischen Klinik haben. Nicht immer gelingt es uns, trotz pädagogischem Einfühlungsvermögen, den Standpunkt des anderen zu verstehen und die Dinge mit seinen Augen zu sehen. Dennoch hilft uns eine Sensibilität für die Ansichten, Meinungen und Urteile anderer, besser mit ihnen umzugehen und uns selbst das Berufsleben zu erleichtern.

ENTSCHEIDUNGSSCHWACHE, KONTROLLIERENDE, NÖRGLERINNEN UND ANDERE VORGESETZTE – EINE TYPOLOGIE

Gute Vorgesetzte verfügen in der Regel über Führungsqualitäten wie Kompetenz, Kontakt- und Kooperationsbereitschaft, sind aufgeschlossen, fair und gesprächsbereit, besitzen Analyse-, Einfühlungs- und Durchsetzungsvermögen, fördern den Teamgeist durch Überzeugungskraft und positives Beispiel.

Manchmal muß man allerdings froh sein, wenn die eigene Vorgesetzte in der Lage ist, ihren grundlegenden Leitungsaufgaben halbwegs nachzukommen und nicht noch eine Blockade für den reibungslosen Ablauf in der Einrichtung darstellt.

Ich erinnere mich an die Leiterin einer Kindergartentagesstätte, die es trotz fachlicher, interpersonaler und administrativer Inkompetenz über Beziehungen schaffte, den Leitungsposten zu bekommen. Kooperationsbereitschaft, Organisation, Planung, Entscheidungsverhalten, Fairneß und Teamgeist waren für sie entfernter als der Mars zur Erde. Trotz fehlender Akzeptanz der anfänglich sehr gutwilligen Kolleginnen und der später deutlich gezeigten Ablehnung durch die Mitarbeiterinnen sah die unglückliche Leiterin keinen Anlaß, ihre Rolle und ihr Verhalten zu überdenken. Es gelang ihr sogar, sich bis zum Eintritt in den „wohlverdienten“ Ruhestand zehn Jahre auf dem Posten zu halten. Die Mitarbeiterinnen ergaben sich entweder ihrem Schicksal, „mauerten“ jedoch auch, indem Informationen über ihre Chefin hinweggingen oder nur „gefiltert“ weitergeleitet wurden. Andere ließen in ihrer Abwesenheit kräftig Dampf ab, zeigten offen keine Sympathie, stichelten bei Eltern oder vollzogen für sich die innerliche wie auch äußerliche – also echte Kündigung. Den Träger ließ die ganze Angelegenheit unberührt. Er hatte die Leiterin schließlich eingestellt.

Dieses sicher nicht alltägliche Beispiel zeigt dennoch, daß man froh sein kann, wenn die Vorgesetzte mehr Qualitäten als Schwächen und Macken hat.

Bevor wir uns zu einem späteren Zeitpunkt mit dem positiven Bild der Führungskraft beschäftigen, ist es für Sie bestimmt von Interesse, sich einmal in schwierige, unsympathische Vorgesetzten-Typen hineinzuversetzen, um sich dann entsprechend richtig verhalten zu können.

Die Entscheidungsschwache

Der Grundstock für die Unsicherheit vieler Erwachsener wird schon in der Kindheit gelegt. Manchmal darf das Kind spielen, soll sogar spielen, wird sogar vom Erwachsenen zum Spielen animiert. Dann darf es wieder nicht spielen. Manchmal soll das Kind eine Sache unbedingt anfassen, damit es im wahrsten Sinne des Wortes „begreift", worum es geht. Dann bekommt dasselbe Kind etwas auf die Finger, wenn es am Obststand die Bananen oder Äpfel berührt. Mal darf das Kind im Sandkasten spielen, dann wieder nicht. Ein anderes Mal vollführt das Kind etwas Lustiges, über das die Erwachsenen vor Verzückung lachen, dann wieder drohen dieselben Erwachsenen dem armen Würmchen mit Zuwendungsentzug, wenn es nicht endlich aufhört, so herumzualbern.
In übertragener Bedeutung geht es verunsicherten Erwachsenen ähnlich. Die entscheidungsschwache, verunsicherte Vorgesetzte schiebt belanglose Angelegenheiten auf die lange Bank, um nichts falsch zu machen. Auch mit dem Delegieren hat sie ihre Probleme und ihr Führungsstil, sofern vorhanden, ist eher undurchsichtig bis chaotisch. Meist glaubt sie der Mitarbeiterin bzw. Kollegin, die sie zuletzt belatschert hat.
Die Zusammenarbeit mit einer entscheidungsschwachen Vorgesetzten kann sehr zermürbend sein. Allerdings besteht für Sie die Chance, durch geschicktes Verhalten eigene Stärke zu entwickeln, indem Sie bestimmte Aufgaben selbst in die Hand nehmen und – soweit vertretbar – selbst Entscheidungen treffen. Sofern Ihre Vorgesetzte merkt, daß sie sich auf Ihre Loyalität verlassen kann, wird sie Ihnen freie Hand in bestimmten Bereichen lassen.

Die Inkompetente

Eigentlich sollte es sie gar nicht in Leitungsfunktionen geben, zumindest nicht in den unteren. Man erkennt sie sehr schnell, wenn sie Fragen stellt, die völlig überflüssig sind oder mit uneinlösbaren Forderungen kommt. Eine Mitarbeiterin kann bei ihr nicht mit Hilfe rechnen. Kommt eine Kollegin oder Praktikantin mit einer wichtigen Frage oder Problemstellung, reagiert sie entweder genervt oder gelangweilt. Nun gibt es viele Untergebene, die unter der Inkompetenz ihrer Vorgesetzten regelrecht leiden. Damit schaden Sie nur sich selbst. Konzentrieren Sie sich doch einmal auf die positiven

Qualitäten und Eigenschaften Ihrer Vorgesetzten. Vielleicht kann sie gut koordinieren, besitzt rhetorisches Talent und Verhandlungsgeschick. Versuchen Sie diese Eigenschaften im Umgang mit Ihrer „inkompetenten" Vorgesetzten positiv für sich zu nutzen. Etwas schwieriger wird es, wenn die Inkompetente auch noch eine Blenderin und Selbstdarstellerin ist.

DIE BLENDERIN UND SELBSTDARSTELLERIN

Die Blenderin inszeniert sich meistens selbst, ist dafür um so leichter für andere zu durchschauen. Sie hält sich – getragen von einem scheinbar unerschütterlichen Selbstbewußtsein – für die einzig wahre Erzieherin und gäbe es keine Pädagogik, so wäre sie ihre Erfinderin. Allerdings tritt sie nur so auf. Sie weiß natürlich, daß ihre Kollegin Gudrun viel mehr vom Arbeitsfeld versteht als sie selbst.
Sie können die Blenderin öfter um Rat bitten, sollten aber nicht mitspielen, wenn sich Ihre Vorgesetzte selbst inszeniert. Entgegnen Sie, wenn es angebracht ist, mit sachlichen Argumenten und bleiben Sie stets cool dabei.

DIE HEKTIKERIN

Wenn Ihre Vorgesetzte eine Hektikerin ist und womöglich auch noch einen Kindergarten mit hyperaktiven Kindern leitet, dann wird es nicht lange dauern, bis auch Ihr Nervenkostüm in Fetzen herunterhängt. Hektiker leiden neurologisch gesehen an einer Übererregbarkeit ihres Nervensystems. Hinter diesem Verhalten lassen sich aber auch unbewußte Ängste vermuten, z.B. die Angst irgend etwas zu versäumen und dadurch einen Schaden zu erleiden, eine Sache nicht schnell genug zu erledigen, die Position nicht schnell genug zu festigen oder auszubreiten. Hektische Menschen verwechseln ihr Verhalten nur zu gern mit Dynamik. Eine dynamische Vorgesetzte treibt Entwicklungen und Entscheidungen voran, während die Hektikerin bis zum Dienstschluß wenig oder nichts geleistet hat, dafür aber sehr erschöpft ist. Hinzu kommt, daß die Hektikerin ihre Mitarbeiterinnen mit Aufgaben überfordert, die diese nicht erfüllen können. Lassen Sie sich von Ihrer hektischen Vorgesetzten nicht in die Antreiberfalle locken. Hektik, Zeitdruck und Chaos sind keine Grundlage für gute Arbeitsergebnisse. Eine nervöse Kollegin ist vielleicht noch zu ertragen, ein Team von Hektikerinnen ist für die Kinder unzumutbar und sollte sich gemeinsam zum autogenen Training anmelden.

Die Einzelkämpferin

In nahezu allen sozialpädagogischen Arbeitsfeldern ist heute Teamarbeit gefordert, nur dort nicht, wo sich die Leiterin hinter ihrer vorwiegend verschlossenen Tür verschanzt und den Kontakt zum Team auf ein Minimum beschränkt. Sie erinnern sich an Iris, die ihr Büro komplett mit Rolläden abschirmte?!

Einzelkämpfer, manche sagen auch Eigenbrötler, verfügen in der Regel über hohes Fachwissen und ausgesprochen niedrige soziale Kompetenz. Dieses Manko wirkt sich besonders negativ in sozialpädagogischen Berufen aus. Wir sollten zwei Typen von Einzelkämpfern unterscheiden: Typ A verhält sich aus Unsicherheit eigenbrötlerisch, während Typ B sich unnahbar gibt, weil sie tatsächlich glaubt, aufgrund ihrer Vorgesetztenrolle Abstand zu ihren „Untergebenen" halten zu müssen.

Was ist zu tun? Bei einer scheuen Einzelkämpferin liegen Sie mit einer effizienten, aber stets zurückhaltenden Art bestimmt richtig, insbesondere dann, wenn Sie ihr nicht zu oft auf die Pelle rücken. Tauchen Sie erst bei ihr auf, wenn Sie klare Vorstellungen von dem haben, was Sie mitteilen wollen. Haben Sie es mit einer bornierten Einzelkämpferin zu tun, sollten Sie nicht deren Funktion und Eitelkeit in Zweifel ziehen, aber dennoch selbstbewußt auftreten.

Die Aktionistin

Dieser Vorgesetztentypus, der auch unter dem Namen „Workaholic" bekannt ist, weist durchaus pathologische Züge auf. Meist werden die Mitarbeiterinnen in die Arbeit getrieben, „weil doch etwas dabei herauskommen muß!". Typisch für blinden Aktionismus ist die Formulierung, „daß bei der Arbeit etwas herauskommen müsse" – die Frage nach dem „Sinn, dem Wozu? und Für wen?" bleibt offen. Hauptsache, es wird etwas getan und alle sind beschäftigt.

Eine solche Vorgesetzte machen Sie glücklich, indem Sie ihr auch noch Arbeiten von sich selbst abgeben. In manchen Einrichtungen, die von Workaholic-Vorgesetzten geleitet werden, erfinden die Mitarbeiter Arbeiten, die noch zu erledigen sind, damit sie von neuen Aufgaben durch ihre umtriebige Vorgesetzte verschont werden.

Die Kontrolleurin

Gemeint ist hier nicht die Vorgesetzte, die hin und wieder genauer hinsieht, um sich einen Überblick zu verschaffen, sondern die pedantische, mißtrauische Kontrolleurin. Sie will über den kleinsten Schritt ihrer Mitarbeiter akribisch genau informiert werden und überprüft selbst die simpelsten Vorgänge. Unter dieser Person zu arbeiten, macht keinen Spaß, die Entwicklungsmöglichkeiten sind entsprechend beschränkt und die Motivation der Mitarbeiter, sich stärker einzubringen, geht auf Null zu.
Versuchen Sie zunächst herauszubekommen, warum Ihre Vorgesetzte vom Kontrollzwang besessen ist. Wenn sie neu in ihrer Position ist, liegt der Grund meist in der eigenen Unsicherheit und Unerfahrenheit. Wahrscheinlich ist auch, daß Ihre Vorgesetzte selbst nicht ausreichend mit Arbeit ausgelastet ist und sich irgendwie beschäftigen muß.
Untersuchen wir die mißtrauisch kontrollierende Vorgesetzte genauer, finden wir als Ursache für das Mißtrauen zumeist ein schlechtes Gewissen. Sie hat unbewußt Angst davor, daß ihre Kolleginnen genauso anrüchig menscheln wie sie selber. Spielen Sie das Spiel der Kontrolleurin mit und schlagen Sie sie mit deren eigenen Waffen: Informieren Sie Ihre Vorgesetzte genauestens über jeden Schritt – notfalls minutiös. Wenn Ihre Vorgesetzte merkt, daß sie sich absolut auf Sie verlassen kann, wird sie ihre Kontrollen einstellen. Wenn nicht, sollten Sie in einem Gespräch darauf hinweisen, daß die ständige Kontrolle Ihre Eigenständigkeit stark einschränkt. Bewirken alle sachlich geführten Gespräche keine Veränderung im Verhalten dieser Vorgesetzten, werden Sie sich wohl von ihr trennen müssen und eine Arbeitsstelle suchen, die freie Entfaltungsmöglichkeiten bietet und Wert auf eigenständiges Arbeiten legt.

Die Perfektionistin

Perfektionisten lieben es über alles, alle nur möglichen Lösungen übersichtlich auf einem Blatt Papier vor sich zu haben. Sie freuen sich wie ein Kind, wenn sie bei anderen den noch so kleinsten Fehler entdecken: Die perfektionistische Leiterin zur Praktikantin: „Susanne, ich denke doch, daß Sie in Ihrem Elternbrief ein Komma vergessen haben." Nehmen Sie diese Kritik – wenn wir diese Haarspaltereien so nennen wollen – nicht persönlich. Perfektionisten brauchen das eben und wünschen sich unperfekte Mitarbeiter. Wie sollten sie sonst ihre Eitelkeit befriedigen? Wenn Ihnen etwas gelungen ist, können Sie sich auch einmal selbst vor den Ohren Ihrer „Oberlehrerin" loben. Sie merkt dann, daß auch Sie Ihren Beruf verstehen.

DIE AUTORITÄRE

Auch im Zeitalter der Teamarbeit gibt es sie noch, die autoritäre Vorgesetzte. Dieses Verhalten bezieht sich nicht nur auf ältere Vorgesetzte, sondern ist durchgängig zu beobachten.
Die autoritäre Kindergartenleiterin läßt erst gar keine Zweifel aufkommen, wer in ihrer Einrichtung die Chefin ist. Sie liebt klare Anweisungen, deutliche Hierarchien und auf sie abgestimmte Mitarbeiterinnen. Sie wünscht sich Zustimmung, Widerspruch kann sie nicht ertragen. Ihr innerer Leitspruch lautet: Protest gegen alles, was nicht so läuft, wie ich es mir erträume.
Cornelia war als Praktikantin in einem derart geführten Kindergarten. Sie erlebte ihre autoritäre Leiterin als entscheidungsstarke, gefestigte und wohlwollende Übermutter, die von ihren Mitarbeiterinnen sehr geschätzt wurde, weil sie sich als ihre „Kinder" bei ihr gut aufgehoben und sicher fühlten. Nicht jeder fühlt sich bei dieser Art der Mitarbeiterführung wohl. Wer einfach nur mit einer autoritären Vorgesetzten auskommen will, führt aus, was sie aufträgt und behält Widerspruch für sich selbst.
Gefährlicher wird es, wenn Sie es mit einer Vorgesetzten des divide-et-impera-Typs (teile und herrsche) zu tun haben. Statt ihren Mitarbeiterinnen zu widersprechen, hetzt sie sie lieber gegeneinander. Sie entkräftet ihre Mitarbeiterinnen, indem sie sie mit ihren eigenen Intrigen so ausgiebig beschäftigt, daß sie keine Zeit und Energie mehr aufbringen, deren Position und Führungsstil infrage zu stellen. Andererseits werden die Mitarbeiterinnen zu besonderen Leistungen herausgefordert, weil jede ihre konkurrierende Kollegin zu übertrumpfen gedenkt. Wenn Sie sich auf diesen Dressurakt einlassen, wird nur Ihre Vorgesetzte davon profitieren, jedoch nicht Sie und Ihre Kolleginnen.

DIE NÖRGLERIN

Die nörgelnde Vorgesetzte ist zunächst einmal rechthaberisch. Im Gegensatz zur Perfektionistin, die von dem Wunsch getragen ist, ihre Mitarbeiter hinaufzuziehen, beseelt die Nörglerin die Lust, ihre Mitarbeiterinnen herabzusetzen, damit sie sich selbst erhöhen kann. Nörgler finden nur schwer Zugang zu anderen Menschen. Sie sind Prinzipienreiter und urteilen willkürlich.
Die „weise“ Mitarbeiterin räumt der Nörglerin von vornherein ein, daß nur sie in der Lage ist, optimale Lösungen zu finden oder verfährt wie Tina, die ihre Vorgesetzte mit einem Satz wie diesem verblüffte: „Ich habe die Gestaltung meines Gruppenraumes noch nicht abgeschlossen, weil Sie ganz bestimmt durch Ihre Kritik erst den letzten Pfiff hineinbringen.“.

DIE LAUNENHAFTE

Jeder hat mal einen schlechten Tag, ist vielleicht mit dem falschen Fuß aufgestanden oder wird von sonstwie gearteten Sorgen geplagt. Das ist völlig normal. Ständige Stimmungsschwankungen können auf ein Krankheitsbild hinweisen, z.B. auf den Beginn einer Depression, der meist das sogenannte Erschöpfungssyndrom vorausgeht. Während wir die Ursachen der endogenen Depression nicht kennen, geht bei der reaktiven Depression ein Verlust voraus, z.B. Verlust von Ansehen, Prestige, Jugend und Schönheit. Neurotisch Depressive trauern darüber, daß nicht alles so läuft (oder lief), wie sie es sich vorgestellt haben.
Auch im Erwachsenenalter kann ein Mensch die Launenhaftigkeit des Kindes fortsetzen, weil er nicht reif geworden ist. Auf eine launenhafte Vorgesetzte reagieren Sie bitte nicht auch mit Launen. Sie liefern ihr sonst Munition für ihre Behauptung, daß sie nichts anderes als launische, unberechenbare Mitarbeiter um sich hat. Wie soll sie da Humor aufbringen? Setzen Sie Ihr pädagogisches Geschick als Erzieherin ein und verunsichern Sie ihre Vorgesetzte mit gleichbleibender Liebenswürdigkeit, die einem launenhaften Kind sagt: „So, du bist jetzt in schlechter Stimmung. Dann sehen wir weiter, wenn es dir wieder besser geht.“ Und sie geht und läßt die kleine Quängelliese allein. Werden Sie einem launenhaften Menschen sein Verhalten vor, werden Sie von ihm zu hören kriegen, daß es weit und breit keinen Ausgeglicheneren gibt als ihn.

Die Kumpelin

„Ich bin Helga und leite den Laden hier", bekommt die neue Erzieherin zu hören. „Prima", denkt sie, „hier sind sie recht locker, wenn sich die Leiterin schon gleich mit Vornamen vorstellt." Auch wenn sich die Vorgesetzte als Kumpeltyp offen zeigt oder gibt, wird sie trotzdem Arbeitserfolge fordern.
Lassen Sie sich nicht von ihrer lässigen Art bestechen. Nutzen Sie den Freiraum für Eigeninitiativen, achten Sie einfühlsam auf Distanz und Nähe, erspüren Sie vorsichtig Grenzen und klopfen Sie Ihrer Vorgesetzten nicht ständig symbolisch auf die Schulter. Sonst geht sie früher oder später auf Distanz.
Vielleicht sind Sie selbst gar kein Kumpeltyp. Treten Sie dennoch freundlich und verbindlich auf, dann wird Ihnen niemand verübeln können, daß Sie Ihrer Art treu bleiben.

Ganz gleich, welchen Typ Ihre Vorgesetzte vorwiegend verkörpert, wenn Sie auch in Streßsituationen normale Attribute wie Freundlichkeit, Zuverlässigkeit und Offenheit nicht verlieren, gewinnen Sie an Sympathie und Souveränität. Zeigen Sie Interesse und Engagement im Berufsalltag und bereiten Sie sich selbst gut vor.
Gehen Sie zunächst erst einmal davon aus, daß Ihre Vorgesetzte einen Wissens- und Erfahrungsvorsprung hat, übernehmen Sie nicht ungeprüft die Vorurteile anderer, was deren Führungsqualitäten anbetrifft. Entwickeln Sie Eigenständigkeit, bemühen Sie sich um Ruhe, auch wenn Ihre Vorgesetzte emotional und heftig wird, d.h. versuchen Sie sich zu kontrollieren. Machen Sie Ihr eigenes Selbstwertgefühl nicht vom Lob Ihrer Vorgesetzten abhängig.
Sollte Ihre Vorgesetzte Sie auffallend unfreundlicher behandeln als die anderen, wirft sie Ihnen insgeheim etwas vor? Fragen Sie sie danach am besten, wenn Sie sich unter vier Augen befinden: „Ich mache mir seit einiger Zeit Gedanken, warum Sie zu mir weniger freundlich sind als zu anderen. Darf ich Sie bitten, mir zu sagen, was Ihnen an mir mißfällt?" Einer intelligenten Vorgesetzten wird diese Direktheit imponieren. Beeindrucken wird auch Ihr Angebot, mögliche Fehler oder Störfaktoren zu beseitigen. Deshalb wird ihre Kritik gnädig ausfallen: „Sie sind ja noch nicht so lange bei uns, und es bedarf sicher einer gewissen Einarbeitungszeit. Ich würde Ihnen deshalb raten, daß Sie..." Jetzt wissen Sie, woran Sie sind.

Haben Sie einen Grund, Ihre Vorgesetzte zu kritisieren, so tun Sie es sachlich, ohne sie zu brüskieren.

HILF' DEINER VORGESETZTEN UND DU HILFST DIR SELBST

Welche Eigenschaften und Verhaltensweisen einer Vorgesetzten können ihr am meisten schaden?
Mit Sicherheit mangelndes Fachwissen und Können, Ausreden und Rechthaberei, unklare Arbeitsanweisungen, die Neigung zu Tratsch und Klatsch, Ungerechtigkeiten und Intrigen gegen Mitarbeiterinnen. Es gibt auch so etwas wie eine „Vorgesetztenegozentrik", die im Team böses Blut bereiten kann. So überträgt eine Kindergartenleiterin z.B. nur halbe Aufgaben, damit sie immer noch die Finger im Spiel haben kann. Oder sie überträgt gar keine Aufgaben, damit ja nichts schief geht. Natürlich kann man auch alle Arbeiten an sich reißen, die Spaß machen und nur das delegieren, was keinen Spaß bereitet.
Ich kann mich gut an eine Leiterin erinnern, die große Schwierigkeiten hatte, strukturiert zu denken. In ihrem Kopf und auf ihrem Schreibtisch waren das Chaos zu Hause. Sie pflegte ihre Mitarbeiterinnen stets in einer Arbeit zu unterbrechen, nur weil ihr irgend etwas durch den Kopf ging oder jetzt eine Information für sie besonders wichtig war, und die sie dann eine Stunde später jedoch schon wieder vergessen hatte.
Hin und wieder kommt es vor, daß sich Vorgesetzte während einer Mitarbeiterbesprechung immer wieder anderen Dingen widmen, um so ihre Unersetzbarkeit zu unterstreichen.
Bevor wir im Kapitel „Die Erzieherin als Vorgesetzte" auf die wünschenswerten Führungsqualitäten eingehen, haben Sie jetzt die Möglichkeit, im Rahmen einer kleinen Bestandsaufnahme zu überprüfen, welche Gemeinsamkeiten Sie und Ihre Vorgesetzte haben. Schauen Sie sich dabei die Stärken und Schwächen Ihrer Vorgesetzten und Ihre eigenen etwas genauer an. Vielleicht verhilft Ihnen die Beantwortung der Fragen zu etwas mehr Verständnis für Ihre Vorgesetzte und kritischer Selbstreflexion im Umgang mit ihr.

FRAGEN ZU IHRER VORGESETZTEN:

1) Welches sind die drei größten Stärken Ihrer Vorgesetzten?
2) Welches sind die drei größten Schwächen Ihrer Vorgesetzten?
3) Was mögen Sie am meisten an ihrer Person?
4) Was mögen Sie am wenigsten an ihr?
5) Gibt sie Verantwortung ab, oder muß sie überall mitmischen?
6) Hat sie einen kooperativen Führungsstil, oder fühlt sie sich nur in Konflikten wohl?
7) Was an ihrer Arbeit bedarf am ehesten der Verbesserung?
8) Was mag sie überhaupt nicht?
9) Wie gut kann sie mit Streß umgehen?
10) Ist sie eher vertrauensvoll oder eher mißtrauisch?

Und jetzt sollten Sie versuchen, zu sich selbst objektiv und ehrlich zu sein. Da es mit der Objektivität mit sich selbst so eine Sache ist, können Sie durchaus bei der Beantwortung der folgenden Fragen eine vertraute Person um Unterstützung bitten:

1) Welches sind Ihrc drci größten Schwachpunkte?
2) Welches sind Ihre drei größten Stärken?
3) Was erwarten Sie von Ihrer Arbeit?
4) Wie unterstützt Ihre Vorgesetzte Sie dabei, diese zu verwirklichen?
5) Welche Arbeiten liegen Ihnen am meisten?
6) Welche Arbeiten mögen Sie am wenigsten?
7) Neigen Sie dazu, über Ihre Anliegen zu sprechen, oder eher dazu, Informationen für sich zu behalten?
8) Fühlen Sie sich in Konflikten und Auseinandersetzungen wohl, oder scheuen Sie sich davor?

9) Arbeiten Sie gern unter Aufsicht oder lieber unter eigener Verantwortung?

10) Brauchen Sie häufiges Feedback, oder reichen regelmäßige Besprechungen aus?

11) Welche Unterschiede zu Ihrer Vorgesetzten gibt es im Hinblick auf Alter, Ausbildung und Berufserfahrung?

Bauen Sie Stärken aus und nehmen Sie Änderungen vor, wo Schwächen vorhanden sind. Dort, wo Ihre Vorgesetzte schwach ist und Sie selbst stark sind, können Sie Ihre Hilfe anbieten. Wenn Ihre Vorgesetzte gerne kontrolliert und an allen Entscheidungen beteiligt sein möchte, sorgen Sie dafür, daß sie über alles informiert ist.
Wie in jeder anderen Beziehung besteht auch hier der sicherste Weg, das zu bekommen, was Sie wollen, darin, Ihrer Vorgesetzten dabei zu helfen, das zu bekommen, was sie will.

Die Erzieherin im Berufsalltag

Startprobleme gelassen lösen

Nicht immer beginnt der Start ins Berufsleben, wie man ihn sich vielleicht erträumt hat. Ich selbst erinnere mich an die gemischten Gefühle an meinem ersten Arbeitstag als Sozialpädagoge und später dann als Lehrer. Aufgeregt war ich, das Herz klopfte schneller, irgendwie war mein Gaumen trocken und ich schwitzte, obwohl ich nicht zum Dienstantritt gelaufen war. Das war ein echter Start mit Streß. Ähnliches haben sicher viele Menschen an ihrem ersten Arbeitstag erlebt. Als ich dann an meinem Arbeitsplatz freundliche Kollegen antraf, die mir auch noch ihre Hilfe anboten, löste sich der anfängliche Streß in Wohlgefallen auf.

Der vielbesprochene Praxisschock und „Sprung ins kalte Wasser" lassen Berufsanfänger manchen Zweifel hegen, ob sie den an sie gestellten Anforderungen überhaupt gewachsen sind. Eben noch die „behütende" Hand der Ausbildungsstätte und jetzt allein verantwortlich für eine Gruppe von 25 Kindern oder anderen anvertrauten Menschen.

Einstiege ins Berufsleben verlaufen nicht immer reibungslos. Wenn Sie noch Praktikantin sind, ist neben dem Erwerb pädagogischer Kompetenz auch die Selbstreflexion gefordert. Da es Praktikanten und Berufsanfängern aufgrund ihrer Unerfahrenheit leichter passiert, Fehler zu machen oder in ein Fettnäpfchen zu treten, gehört der entspannte Umgang mit Kritik zu den wichtigsten Erfolgsregeln im Erzieheralltag.

Damit Sie mit Kritik besser umgehen können, sollten Sie sich nicht länger von jenen eingeredeten und anerzogenen Schuld- und Minderwertigkeitsgefühlen leiten lassen, sondern sich Schwächen und Fehler eingestehen. Konzentrieren Sie sich darum auf Ihre Stärken und Erfolge, dann wird es Ihnen leichter fallen, die negativen Seiten zu akzeptieren.

Wenn Sie sich Fehler geleistet haben, müssen Sie sich natürlich auch Kritik gefallen lassen und die Verantwortung dafür übernehmen. Gültige Kritik ist Kritik, von der Sie wissen, daß sie gerechtfertigt ist. Mit dieser Art der Kritik umzugehen, erfordert die Technik negativer Feststellung. Sie hilft Ihnen, entweder ungerechtfertigte oder konstruktive Kritik richtig zu handhaben. Bestätigen Sie einfach die Wahrheit dessen, was Ihre Kritiker sagen. So begeben Sie sich weniger in Abwehrposition und behalten Ihre Selbstachtung. Sagen Sie: „Ich arbeite daran und mache schon Fortschritte".

Ungerechtfertigte Kritik besteht aus Unterstellungen, von denen Sie wissen, daß sie nicht gerechtfertigt sind. Wenn Sie das Gefühl haben, man will Sie vorsätzlich kränken, dann behaupten Sie Ihren Standpunkt, so gut Sie können. Das ist in der Regel besser, als mit einer bissigen Retourkutsche zu reagieren.

Aus Kritik können wir Lehren ziehen, wenn wir zuhören und das abwägen, was man uns sagt. Sie handeln besonders klug, wenn Sie die Kollegin um Hilfe bitten, die Sie auf einen Fehler aufmerksam gemacht hat. Das schmeichelt ihr und macht Verbündete.

Wenn eine unausgesprochene Kritik im Raum schwebt, dann kann das sehr belastend sein und ein Alarmzeichen dafür, daß Sie wahr-

scheinlich in der Vergangenheit schlecht mit Kritik umgegangen sind oder die betreffende Kollegin oder Vorgesetzte Schwierigkeiten hat, Kritik vorzubringen. Suchen Sie ein klärendes Gespräch und hören Sie sich in Ruhe die vorgebrachte Kritik an, um sie zu durchdenken und gegebenenfalls zu korrigieren.
Wenn Sie einmal in einer Kollegenrunde oder Besprechung zur Zielscheibe von Kritik werden, sollten Sie schnell und besonnen reagieren. Meist sucht die Kollegin keine inhaltliche Auseinandersetzung, sondern versucht Sie lediglich bloßzustellen oder zu provozieren. Lassen Sie es nicht auf eine offene Auseinandersetzung kommen. Bitten Sie die Kollegin um eine Aussprache unter vier Augen. So behalten Sie die Fäden in der Hand.
Probleme sind ein grundsätzlicher Bestandteil menschlichen Lebens. Die Verdrängung oder Verlagerung eines Problems vergrößert es nur. Machen Sie sich die problemverursachende Situation deutlich, indem Sie sich folgende Fragen stellen:

- Was bereitet mir Unbehagen?
- Von welcher Schwierigkeit möchte ich mich befreien?
- Was strebe ich an?
- Was hindert mich daran, eine Veränderung der Situation vorzunehmen?

Versuchen Sie möglichst klar das Hindernis zu beschreiben, das zwischen Ihnen und Ihrem Ziel steht. Zerlegen Sie die Situation in einzelne Teile und versuchen Sie, sich auch in den Standpunkt einer denkbaren Gegenseite hineinzuversetzen. Halten Sie Ihre Überlegungen auf einem Blatt Papier schriftlich fest. Bedienen Sie sich auch der Hilfe vertrauter Menschen.
Ruhe und Gelassenheit sind eine Voraussetzung, daß Ihnen Ihre innere Stimme bei der Lösung von Problemen helfen kann. Nutzen Sie die Ruhe, um Ihre Phantasie für Problemlösungen zu nutzen.

EINEN PLATZ IM NEUEN TEAM EROBERN

Die meisten sozialpädagogischen Einrichtungen, insbesondere die Kindergärten, setzen auf Teamarbeit. Sie setzt Offenheit voraus, Experimentierfreude und die Bereitschaft, miteinander zu planen und zu arbeiten. Werden die einzelnen Kräfte der Kolleginnen gebündelt, können Aufgaben sinnvoller angepackt und Probleme eher gelöst werden. Deshalb ist die „Teamfähigkeit" bereits eine Standardforderung in nahezu allen Stellenausschreibungen der Träger.

Als Anfängerin, gleich ob als Praktikantin oder fertige Erzieherin, werden Sie immer etwas Zeit benötigen, um sich in das Team zu integrieren. In einem aufgeschlossenen Kollegium werden Sie keine Probleme haben, sich schnell einzufinden. Schwierig wird es allerdings, wenn Sie sich als Eindringling fühlen oder meinen, die Kolleginnen würden Ihnen kühl begegnen. Natürlich trifft man immer im Berufsleben auf Menschen, die man nicht gerade sympathisch findet und umgekehrt. Diese Situation ist normal, wenn auch gewöhnungsbedürftig. Es kann auch sein, daß Ihre neuen Kolleginnen anfangs kaum Zeit und Energie für Sie aufbringen können, weil Sie gerade in eine Phase intensiver und umfangreicher Arbeiten hineingeraten sind. Wenn sich diese Situation geändert hat, werden Sie mit der Zeit und etwas Geduld sicher einen guten Kontakt zu ihren Kolleginnen herstellen können.

Weitere Probleme kann es geben, wenn z.B. das Team extrem aufeinander eingespielt ist, und Ihre Vorgängerin besonders beliebt war. Vermutlich werden Sie dann überkritisch betrachtet. Gehen Sie davon aus, daß wohl jeder mit derartigen Schwierigkeiten zu kämpfen hatte, diese äußeren Barrieren dann aber durch ein freundliches Zugehen auf die Kolleginnen schnell überwinden kann.

Um einen festen Platz im Team zu erobern und sich einzugliedern, sind Anpassungsfähigkeit, Selbstbewußtsein und etwas Geduld gleichermaßen von Bedeutung. Warten Sie nicht, daß man auf Sie zukommt, sondern gehen Sie schon am ersten Arbeitstag freundlich auf Ihre Kolleginnen zu und stellen Sie sich vor. Sie erleichtern sich so Ihren Einstieg, denn jede Kollegin schätzt es, persönlich angesprochen zu werden. In einem relativ kleinen Team ergeben sich in der Regel ohnehin sofort unmittelbare Kontakte. Erzählen Sie ein bißchen über sich und Ihren Werdegang, ohne dabei ein Hoppla-jetzt-komm-ich-Verhalten an den Tag zu legen. Durch eine freundliche, nicht allzu forsche Annäherung können Vorbehalte, Hemmungen und Ängste abgebaut werden.

Von Ihrer Ausbildung her wissen Sie, wie wichtig die Beobachtung für erzieherisches Handeln ist. Schlüpfen Sie zunächst in die Beobachterrolle und Sie erfahren schnell, wie die Teamstrukturen und Kontakte untereinander aussehen. Wie ist der Umgangston? Wer spricht bevorzugt mit wem? Wer ist für welche Aufgaben zuständig? Sie werden auch die verschiedenen Verhaltensrollen im Team erkennen. Da gibt es die Anregerin, Gründliche, Koordinierende und

Wegweisende ebenso wie die Ausgleichende, die Vermittlerin und Normengeberin. Auch subjektive Bedürfnisrollen, in denen die individuellen Interessen und Wünsche der Kolleginnen im Vordergrund stehen, werden Sie entdecken, wie z.B. die Hemmende, die Dominierende, Zynikerin oder Geltungsbedürftige. Jedes Teammitglied – so auch Sie selbst – ist von Situation zu Situation mehr oder minder in seiner Rolle ausgeprägt. Mal wird die eine Rolle „härter“, dann wieder „weicher“ eingenommen.
Wenn Sie genau beobachten, wird Ihnen auffallen, wo Sie am ehesten helfen können. Sobald Sie als Entlastung angesehen werden, wird man Sie als Neue auch in's Team integrieren.

VERGESSEN SIE DEN MYTHOS VOM NEIN-SAGEN!

Zwar sind Hilfsbereitschaft und Engagement ein guter Teameinstieg, allerdings besteht hier auch wieder die Gefahr, in eine Falle zu tappen, wenn Ihnen Aufgaben aufgehalst werden, die Sie nicht bewältigen können. Manche Kolleginnen sehen die Neue oder die Praktikantin als Chance, sich selbst unangenehmer Aufgaben zu entledigen. Wer sich nicht ausnutzen lassen will, muß rechtzeitig lernen, nein zu sagen, zu Kolleginnen, auch manchmal zur Vorgesetzten oder zu sehr vereinnahmenden Eltern Ihrer Gruppe.
Floskeln wie „Ich weiß gar nicht, was ich ohne Sie machen soll“, sind nichts als ein hingeworfenes Bonbon, das Ihnen das Ausgenutztwerden versüßen soll.
Vergessen Sie Mythen wie: Nein sagen ist egoistisch! Nein sagen ist unhöflich-kleinkariert-lieblos-grob-plump. Nein sagen heißt, andere vor den Kopf stoßen.
Wenn Sie einige dieser Mythen glauben, haben Sie vermutlich Hemmungen, saubere und klare Ablehnungen zu formulieren. Sie bedienen sich vielleicht lieber eines Ausweichmanövers, einer Entschuldigung oder benutzen Ausflüchte. All diese eingefleischten Verhaltensweisen haben mit anerzogenen Schuldgefühlen zu tun, die bis in die frühe Kindheit zurückgreifen.
Lassen Sie sich nicht zu einem vorschnellen Ja drängen. Sie müssen keine sofortige Entscheidung treffen. Hören Sie auf Ihre innere Stimme. Wenn Sie ein Zögern spüren, verlangen Sie mehr Information von Ihrem Gegenüber. Sie gewinnen so wertvollen geistigen

Spielraum, der Ihnen Zeit läßt nachzudenken. Manchmal werden ein paar Minuten reichen. In Angelegenheiten von größerer beruflicher Tragweite sollten Sie notfalls um ein paar Tage Bedenkzeit bitten, um z.B. zu klären, wie Ihr Aufgabenbereich bei der Übernahme einer bestimmten Position aussieht und/oder welche Vor- bzw. Nachteile sich für Sie dann ergeben.
Es kostet schon einige Übung, nein zu sagen ohne überflüssige Entschuldigungen. Es bringt Ihnen langfristig nichts, Ablehnungen mit allen möglichen liebenswürdigen Beteuerungen des Bedauerns auszuschmücken. Üben Sie auch das Wort „NEIN“ auszusprechen und sagen Sie einfach statt „Ich kann nicht“, „Ich möchte nicht“. Das ist einfach und überraschend wirkungsvoll.
Bedenken Sie noch einmal: Das Hauptproblem bei selbstbehaupteten Ablehnungen sind Ihre Schuldgefühle.
Machen Sie sich deshalb zum Grundsatz: Wenn ich nein sage, lehne ich eine (für mich unangemessene) Forderung ab, ich weise aber nicht die Person zurück.

Spannungen im Team

Überall, wo Menschen zusammenkommen, gibt es auch Konflikte. Sie gehören zur täglichen Herausforderung in allen Bereichen unseres privaten und beruflichen Lebens.

Auch Berufsanfänger merken schnell am Umgangston, an Bemerkungen, abschätzenden Blicken und geschlossenen Türen, daß „dicke Luft" in einem Team herrscht. Ob es sich nur um eine vorübergehende Klimastörung oder ein Dauertief handelt, läßt sich zu Beginn nicht immer abschätzen.

Menschen, die streiten, tun dies – von wenigen Ausnahmen abgesehen – nicht um des Streites Willen oder weil sie sich das Leben vorsätzlich schwer machen wollen. Durch Streiten will man sich behaupten, seine Position deutlich machen, halten oder verstärken. Auch Konkurrenzdruck, Neid, Eifersucht, ungelöste Probleme oder starker Druck von oben können Ursachen für ein gestörtes Klima im Team sein.

Darüber hinaus kann es Konflikte geben, weil:

- zwei Kolleginnen nicht miteinander auskommen können,
- zwei Kolleginnen unterschiedliche Auffassung von Ordnung, Sauberkeit und Zuverlässigkeit haben,
- jeder sein eigenes Wertesystem hat,
- Rivalitäten auf der persönlichen Ebene ausgetragen werden,
- Vorgesetzte und Team unterschiedliche Erwartungen aneinander haben,
- eigene Interessen nicht angesprochen werden,
- mehr übereinander als miteinander geredet wird,
- persönliche Bedürfnisse nicht anerkannt und berücksichtigt werden,
- unkritisches Denken, geistige Müdigkeit, Inkonsequenz in Bezug auf die Verpflichtungen, Mangel an fachlicher Qualifikation oder Geringschätzung der Diskussion im Team anzutreffen sind,
- sich eine Kollegin alle Rosinen herauspickt und sich unliebsame Aufgaben fernhält,
- Fehler auf andere Kolleginnen abgewälzt werden,
- sich eine Kollegin mit fremden Federn schmückt,
- Intrigen gegen Kolleginnen oder Vorgesetzte gestrickt werden.

Psychologisch gesehen spielt sich ein Konflikt im Inneren einer Person ab. Sie steht in einem inneren Spannungsverhältnis. In sozialen Systemen oder Organisationen, zu denen auch der Arbeitsplatz gehört, wird das Konfliktgeschehen zwischen zwei oder mehreren Personen soziologisch als „spannungsgeladene Situation“ gedeutet. Im Berufsalltag kommt es immer wieder zu Konfliktsituationen, die permanent zuu bewältigen sind.

DIE HÄUFIGSTEN KONFLIKTE

Kommen Sie neu in ein Team, in dem eine Kollegin über eine andere herzieht, lassen Sie kein unüberlegtes Wort fallen. Stellen Sie klar, daß Sie an einem guten kollegialen Verhältnis interessiert sind, und sich daher kein Urteil erlauben können oder wollen.
Erst wenn Sie länger im Team sind, Ihre Arbeit fest im Griff und genügend Überblick gewonnen haben, wenn Sie einschätzen können, welche Kolleginnen wirklich vertrauenswürdig sind, können Sie versuchen, diplomatisch und behutsam Spannungen im Team lösen zu helfen.
Klatsch, den man gern über Leute hört, die man nicht mag, reicht von harmlos bis bösartig. Der Spaß hört auf, wenn eine Kollegin oder die Vorgesetzte hinter vorgehaltener Hand lächerlich gemacht wird oder Gerüchte und Diskriminierungen über sie verbreitet werden, seien sie sachlicher oder persönlicher Art.
Die wenigsten Gerüchte entsprechen der Wahrheit. Ein „Flurfunk“-Beispiel: „Du sag’ mal, die neue Praktikantin scheint wohl Tabletten zu nehmen, die wirkt manchmal so komisch.“ Oder: „Heidi hat wohl ein Verhältnis mit einem Vater aus ihrer Kindergruppe.“ Solche Häme kann jeden treffen. Das schürt Mißtrauen im Team.
Sollten Sie Opfer eines Gerüchtes sein, werden Sie nicht lange warten müssen, um zu wissen aus welcher Richtung der Wind weht. Fragen Sie den Intriganten direkt, warum er ein solches Vergnügen daran hat, Gerüchte gegen Sie zu verbreiten und Mißtrauen zu säen. Meist reicht diese Gegenüberstellung, um Gerüchteköche zur Räson zu bringen. Wenn Sie es mit einem besonders schweren Fall zu tun haben, der sich trotz Aussprache nicht zurückhält oder die Quelle der Intrigen nicht bekannt ist, hilft nur die Aussprache mit der Vorgesetzten.

Unangenehm ist es auch, wenn über Sie geklatscht wird, mit der Absicht Ihre Arbeitsleistung und Zuverlässigkeit in Frage zu stellen. Beispiel: „Die hat ja wohl keine glückliche Hand im Umgang mit Kindern und fachlich kommt da auch nicht viel.“ Wenn die Urheber dieser Äußerungen nicht zu greifen sind, widerlegen Sie Klatsch über Ihre eigene Person am besten durch entsprechendes Verhalten. Machen Sie Ihre Arbeit transparent, zeigen Sie welch’ interessante Angebote in Ihrer Gruppe stattfinden und wie gut Ihr Kontakt zu den Kindern ist. So entziehen Sie Gerüchten den Nährboden und lassen die Foulspielerin recht blaß aussehen.

MOBBING, BOSSING, PSYCHOKRIEG

Konkurrenz gehört zum Berufsalltag, in der freien Wirtschaft sicher mehr als in der sozialpädagogischen Arbeit. Allerdings sind auch hier Menschen tätig, die über das normale Maß hinaus nicht frei von Konkurrenzdenken sind. Positive Konkurrenz, die anspornt und motiviert, endet da, wo Rivalitätsdenken beginnt. Wenn dann noch unfaire Tricks, Methoden und Intrigen ins Spiel kommen, kann schnell ein Psychokrieg entstehen, der seit einigen Jahren als „Mobbing“ bezeichnet wird, wenn die Schikanen von Kollegen ausgehen. Der etwas weniger bekannte Begriff „Bossing“ beschreibt Strategien und Schikanen, mit denen Vorgesetzte ihre Mitarbeiter traktieren.
Neben dem Konkurrenzdruck gibt es eine ganze Reihe weiterer Ursachen, die zu Mobbing bzw. Bossing führen können. Begünstigend für Psychoterror sind z.B. Streß und Überlastung, ein schlechter Führungsstil, Intoleranz, Machtstreben, Monotonie und Unterforderung.
Mobber bedienen sich unterschiedlicher Strategien, um ihre Opfer ins Abseits zu drängen: Entweder wird die Arbeit einer Kollegin sabotiert, ihre Leistungen und Fähigkeiten werden abqualifiziert, man wälzt Fehler auf sie ab und/oder man zieht über ihre Persönlichkeit und Privatsphäre her. Für die Betroffenen wird die Situation bald zur elementaren Bedrohung. Leistungsfähigkeit und Selbstvertrauen sinken, psychische und psychosomatische Beschwerden lassen oft nicht lange auf sich warten. Als Symptome zeigen sich: Depressionen, Konzentrationstörungen, Kopfschmerzen, Magengeschwüre, Schlafstörungen, Herzrhythmusstörungen, Suchtmißbrauch und starke Minderwertigkeitsgefühle.

Nach Schätzung der Betriebskrankenkassen aus dem Jahre 1993 werden mindestens acht Millionen Frauen und Männer mindestens einmal in ihrem Berufsleben vom Intrigenspiel der Kollegen und Vorgesetzten genervt. Nach Ansicht des schwedischen Arbeitsklimaforschers Prof. Heinz Leymann (Stockholm) ist der Tatbestand „Mobbing“ erst dann gegeben, wenn die berufs- und rufschädigenden Anwürfe länger als sechs Monate dauern. Auch wenn man über die Dauer unterschiedlicher Auffassung sein kann, lohnt es sich aufmerksam zu verfolgen, ob sich das Verhalten einer oder mehrerer Kolleginnen Ihnen gegenüber verändert.
Warnende Anzeichen, die Sie hellhörig machen sollten, sind zum Beispiel:

- häufige und übermäßige Kritik an Ihrer Arbeit,
- unangenehme Aufgaben werden vorwiegend Ihnen zugeschoben,
- wichtige Informationen werden Ihnen vorenthalten,
- wiederholt verschwinden Materialien und Arbeitsunterlagen,
- man lästert über Ihre Kleidung und Ausdrucksweise,
- man läßt Sie nicht mehr ausreden, ignoriert Ihre Wortbeiträge,
- wenn Sie den Raum betreten, verstummen die Kolleginnen,
- hinter Ihrem Rücken wird über Ihre beruflichen und privaten Belange getuschelt.

Nehmen Sie derartige Signale gehäuft wahr, sollten Sie trotz der sicher schwierigen Situation einen kühlen Kopf bewahren. Panik wäre jetzt die schlechteste Reaktion. Treten Sie die Flucht nach vorne an, je früher desto besser. Die Hoffnung, irgendwann würde sich die Lage entspannen, führt meist nur dazu, daß sich die Situation zuspitzt. Häufig ist eine Verhärtung der Attacken zu beobachten und auf einmal intrigiert nicht nur eine, sondern gleich mehrere Kolleginnen gegen Sie. Wenden Sie sich an Ihre Vorgesetzte, und wenn von dieser selbst ein Bossing gegen Sie betrieben wird, an die nächst höhere Vorgesetzte bzw. den Beschäftigungsträger. Vielleicht gelingt es denen, die mobbenden Gegenspieler zur Räson zu bringen. Suchen Sie auch Rückendeckung durch den Personalrat und holen

Sie sich Unterstützung durch Freunde und Familie. Als beruflich Außenstehende können sie Ihnen wertvolle Ratschläge geben, wie Sie sich geschickt verhalten und vor übereilten Handlungen warnen. Fruchten alle Bemühungen nicht, werden Sie abzuwägen haben, ob es nicht besser wäre, die Stelle zu wechseln. In vielen Städten gibt es inzwischen Beratungsstellen und Selbsthilfegruppen, an die sich Mobbingopfer werden können. Seit 1992 gibt es das erste Sanatorium für Mobbing-Geschädigte im ostwestfälischen Bad Lippspringe. Voraussetzung für die stationäre Aufnahme ist die Zusage der Krankenkasse oder des Rentenversicherungsträgers. Ziel der Behandlung ist, daß die Mobbing-Patienten nach der Behandlung mit gestärktem Selbstvertrauen und dem festen Willen, sich nicht länger schikanieren zu lassen, an ihren Arbeitsplatz zurückkehren.

Richtig umgehen mit Ärger und Konflikten

Mit Konflikten richtig umzugehen, kann man lernen. Zunächst gilt immer herauszufinden, aus welchen Ursachen der Konflikt resultiert: Sind es Konkurrenzdruck, der von oben kommt, schlechte Organisation, Mißverständnisse in der Kommunikation oder mißtrauische Kontrolle?

Wenn „etwas im Raum steht", sollten Probleme und Konflikte nicht verdrängt, sondern das Gespräch im Team gesucht werden. Sprechen Sie offen aus, was Sie bedrückt. Je länger Sie schweigen, um so mehr belasten Sie sich und Ihre Beziehung zu einzelnen Kollegen oder zum gesamten Team. Die genaue Analyse des Konflikts kann die gemeinsame Basis zwischen den Teammitgliedern stärken und die „Wir-Beziehung" festigen. Wählen Sie einen günstigen Zeitpunkt aus, an dem sich alle zusammensetzen können. Um Konflikte lösen zu können, braucht man Zeit, nur so ist die Basis für eine befriedigende Lösung gegeben.

Konflikte haben immer mit Ärger zu tun. Dabei ist Ärger nicht selten ein Produkt individueller Verhaltensweise, die oft mit der eigenen Einschätzung und Interpretation zusammenhängt. Wir ärgern uns, weil wir viele Dinge zu persönlich nehmen. Ärger ist also zunächst ein Gefühl des Unbehagens, das in uns Druck und Spannung auslöst. Da Sie Ärger nicht vermeiden können, ist es um so bedeutsamer für Sie, zu wissen, wie man mit Ärger fertig wird.

In den meisten Fällen sind es vier Grundsituationen, aus denen Ärger im Berufsalltag entstehen kann:

- Ungerechtigkeit: Das sind Situationen, in denen Sie sich ausgenutzt und ungerecht behandelt fühlen.
- Frustration: Erwartungen, die Sie an andere richten oder an Sie gestellt werden, bleiben unerfüllt.
- Irritation: Unzuverlässigkeit, Widersprüche, Opportunismus, Verlogenheit oder Störungen (z.B. Lärm) lösen bei Ihnen Ärger aus.
- Provokation: Unterschieden werden verbale Provokationen (zynische Bemerkungen, Beleidigungen, Diffamierungen) und nonverbale Provokationen wie Drängeln, „schräge Blicke“ usw.

Ärger kann auch positive Merkmale haben, wenn er uns signalisiert, daß etwas nicht in Ordnung ist und Sie gezwungen werden, über gewisse Situationen und Handlungen nachzudenken. Ärger kann körpereigene Reserven mobilisieren und einen Motivationsschub bewirken (Jetzt erst recht!). Ärger setzt mitunter Kreativität frei, die Ihnen hilft, Impulse und Ideen zu entwickeln, um eine Situation zu meistern. So entstand auch dieses Buch aus einer gewissen Verärgerung bei mir über die Tatsache, daß Erzieherinnen zwar lernen, Probleme bei Kindern und Jugendlichen zu lösen, ihre eigenen und die Probleme im alltäglichen Umgang mit Kolleginnen jedoch meist kein Thema während der Ausbildung sind.
Wenn es auch positive Aspekte des Ärgers gibt, überwiegen doch die negativen Auswirkungen. Ärger blockiert Ihre Gedanken. Sie können keinen klaren Gedanken fassen, weil Sie sich den ganzen Tag über einen arroganten Vater oder eine schnippische Praktikantin geärgert haben. Hier entstehen oft impulsive Reaktionen. Ärger setzt auch Verteidigungsmechanismen frei. Wenn Sie sich verletzt fühlen, kann es sein, daß Sie die Schuld nur beim anderen suchen. Und sobald Sie richtig wütend sind, werden Sie wahrscheinlich den Drang haben, diese Wut an irgendjemandem auszulassen, was natürlich zu keiner friedlichen und konstruktiven Konfliktlösung beiträgt. Ständiger Ärger kann schließlich fatale Folgen für das innere Wohlbefinden und die Gesundheit haben.

Wenn Sie mit Ärger richtig umgehen, schützen Sie nicht nur Ihre Psyche und Ihren Körper. Es kann Ihnen auch helfen, bestimmte Situationen anders einzuschätzen und zu bewerten, so daß bestimmte Vorgänge erst gar nicht so ärgerlich empfunden und eingestuft werden. Verhindern Sie eigene „Überreaktionen“ bei Kritik, d.h. „explodieren“ Sie nicht sofort. Verkriechen Sie sich aber auch nicht in Ihr Schneckenhaus, wenn Sie gekränkt oder verärgert sind. Ebenso sollten Sie Ihren Ärger nicht aufstauen, sondern versuchen, einen Mittelweg zu finden. Beschränken Sie Ihre Äußerungen und Erwiderungen nur auf die Ursachen, die den Ärger hervorgerufen haben und vermeiden Sie möglichst Pauschalvorwürfe. Kompromittieren Sie nicht die Kollegin, über die Sie sich geärgert haben. Niemand schätzt es, öffentlich kritisiert zu werden.

Immer dann, wenn mit anderen Mitteln gearbeitet wird als dem „fair play“, das eigentlich die Teamarbeit kennzeichnen sollte, wenn Manöver und Strategien mit Trennungseffekten stärker sind, als das Bedürfnis harmonisch miteinander zu arbeiten, ist es unbedingt erforderlich, Abwehrmaßnahmen vorzunehmen.

Zu den ganz persönlichen Maßnahmen gehört zunächst Ihre eigene Zivilcourage. Schon um vor sich selbst bestehen zu können, sollten Sie die Courage aufbringen, sich nichts gefallen lassen und gegen ungerechtfertigtes und unfaires Handeln anderer bestimmt auftreten. In den meisten Fällen führt couragiertes Verhalten zumindest zu Augenblickserfolgen, auch wenn es für die andere Seite als unangenehm oder gar als Ärgernis angesehen wird, weil dieses Verhalten außerhalb der Norm liegt.

Auch Diplomatie ist immer nützlich, wenn auch nicht jedem gegeben. Sie setzt neutrales und korrektes Verhalten voraus, einen fundierten Gerechtigkeitssinn, taktisches Geschick, Sprachgewandtheit und ein schnelles Erfassen der jeweiligen Situation.

Viele Dinge werden durch Erfahrung gelernt, aus der man bekanntlich Kluges für sich ziehen kann. Meistens jedenfalls. Erfahrung ist eine sehr individuelle Angelegenheit. Jeder muß sie selbst sammeln und daraus lernen, wie sich bestimmte Situationen meistern lassen. Gelegentlich kann es Männern wie Frauen helfen, sich seiner Ellenbogen (selbstverständlich im sprachlichen Sinne) zu bedienen und sich über Ärger am Arbeitsplatz einfach hinwegzusetzen. Und manchmal hilft auch das direkte Gespräch unter vier Augen mit der oder dem „Trennungseffektstrategen“.

Klare Arbeitsplatzbeschreibungen, ein Setzen auf gutfunktionierende Teamarbeit und ein entsprechend positiver Führungsstil können von vornherein dazu beitragen, daß Trennungseffekte erst gar nicht entstehen, vorausgesetzt alle Mitarbeiter und Vorgesetzte halten sich an die vorher festgelegten Spielregeln.
Kommt es beispielsweise zu Beleidigungen und übler Nachrede, sollten Sie die rechtlichen Möglichkeiten ausschöpfen und juristischen Rat einholen. Manchmal bleibt nur noch der Weg zum Gericht.

DAS OPFER-VERFOLGER-RETTER-SPIEL

Im Berufsalltag ist immer wieder zu beobachten, daß Kolleginnen (Männer sind ebenso betroffen) dazu neigen, die Verantwortung für ihr Handeln abzugeben und sich reaktiv zu verhalten, statt aktiv den eigenen Bedürfnissen nachzukommen.
Eine als stellvertretende Kindergartenleiterin arbeitende Erzieherin sträubt sich z.B. immer vor notwendigen Ordnungs- und Verwaltungsaufgaben. Wenn ihre Leiterin länger abwesend ist, fühlt sie sich hilflos und läßt den ganzen „Papierkram" und die Abrechnungen auflaufen, bis diese wiederkommt. Mit dieser Situation ist die Leiterin unzufrieden, hat sich jedoch damit abgefunden. Dafür erwartet sie, daß ihr die Stellvertreterin alle Einladungen zu Tagungen, Anleitertreffen und anderen zeitraubenden „Nachmittagsterminen" abnimmt. Die Stellvertreterin findet das übertrieben, hat aber so keinen Streß mit lästigen Organisationsaufgaben.
Das ist eine typische Situation dafür, wie die Erfüllung individueller Bedürfnisse auf andere übertragen wird. Solange jeder mitmacht – man sich arrangiert - geht es gut. Wahrscheinlich kennen Sie solche Grundmuster, wo die Verantwortung für das eigene Wohlbefinden auf den anderen übertragen wird.
Das sogenannte „Drama-Dreieck" macht deutlich, wie wir – je nach Situation – entweder als Opfer, Verfolger oder Retter handeln. Vielleicht erkennen Sie sich selbst wieder?!

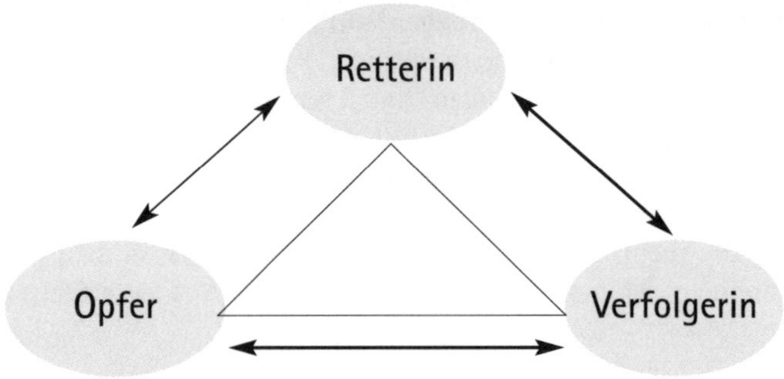

Das „Opfer“ sucht Hilfe, Mitleid und Zuspruch. Deshalb flüchtet es sich in mißliche Situationen oder dokumentiert, wie sehr es unter den Unbillen und der Schlechtigkeit seiner unmittelbaren Umwelt leidet. Jeder braucht ab und zu jemanden, bei dem er sich „ausweinen“ und trösten lassen kann, sofern dies nicht ein Dauerzustand wird.

Die „Verfolgerin“ fällt auf durch Angriffslust, übersteigerten Ehrgeiz, Rastlosigkeit und Mißtrauen. Aus der Entfernung betrachtet, werden diese unrühmlichen Eigenschaften eventuell als Cleverneß, Geschick, Beweglichkeit und Konsequenz interpretiert. Maßstab für die Erfolge der Verfolgerin ist die Zahl der hinter oder unter ihr zurückgelassenen Opfer. Auf ihrer Fahne steht: „Viel Feind, viel Ehr“ und „Nur die besten kommen durch“. Meist ungewollt, spielt jeder einmal die Verfolgerrolle. Oft dient sie als Ausgleich, wenn man vorher selbst Opfer war und sich nun (unbewußt?) Erfolgserlebnisse verschaffen will.

Die „Retterin“ versteht sich als Schlichterin und Tröstende. Sie beruft sich auf ihre Neutralität und steht scheinbar über der Sache. Als ständig zur Verfügung stehende Retterin übersieht sie oft, daß sie damit selbst zum Opfer wird. Sie unterstützt die Bequemlichkeit des Opfers, kann dessen Probleme jedoch nur selten lösen.

Das hier geschilderte Drama-Dreieck gibt nur die eine Hälfte der Wahrheit wieder. So wird zwischen „echtem“ und „unechtem“ Dramaverhalten unterschieden. Bei letzterem schlüpft jemand in eine der drei Rollen, um seine Umwelt zu manipulieren. Zum Beispiel kann eine „falsche“ Retterin in Wirklichkeit ein verkapptes Opfer oder eine verkappte Verfolgerin sein. Um anerkannt zu werden und als unersetzlich zu gelten, wirft sich die „falsche“ Retterin immer wieder selbst in die Schußlinie. In Wirklichkeit leidet sie als Opfer unter zu wenig Lob und Anerkennung. Übel wird es, wenn die „falsche“ Retterin ihre Hilfe und selbstlose Unterstützung anbietet, um in Wirklichkeit nur ihren eigenen Nutzen aus einer Sache zu ziehen. Als verkappte Verfolgerin intrigiert, stichelt und hetzt sie hinter den Kulissen. Die Formen dieser Manipulation können verbal wie nonverbal sein, und es gibt wahre Profis, auf die vorwiegend jüngere Kolleginnen hereinfallen. Sind Sie etwa hellhörig geworden? Haben Sie entdeckt, welche Tricks, Maschen oder Methoden Ihre Kolleginnen, Vorgesetzten oder Sie selbst anwenden?

SUPERVISION UND TEAMBERATUNG

Durch Supervision oder Teamberatung kann die Kommunikation verbessert werden. Vor allem in zwei Arbeitssituationen ist die Supervision hilfreich:

1) Ein Team braucht Unterstützung in einer Krisensituation, die sich negativ auf das Betriebsklima auswirkt und eine effektive Arbeit verhindert.
2) Ein Team beginnt in neuer Zusammensetzung oder mit einem neuen Projekt oder versucht ein neues Konzept umzusetzen. Dann kann Supervision helfen, die Beziehungen untereinander zu klären, funktionierende gemeinsame Arbeitsformen zu entwickeln und sich über die Ziele und Methoden der Arbeit zu einigen.

In beiden Fällen hat die Teamberatung eine begrenzte Funktion für eine begrenzte Zeit, die in der Regel mit der Lösung des bzw. der Probleme endet.
Das besondere Anliegen einer Teamberatung ist die Förderung der Qualität und Quantität der Arbeit auf der Grundlage eines sozialen, kooperativen und offenen Umgangs unter den Mitarbeitern. Der Erfolg einer Supervision in Ihrem Team hängt zum einen vom Willen der Teilnehmer ab, ein Problem wirklich zu lösen und von der Person des Supervisors. Er bzw. sie sollte sowohl ein kompetenter Praktiker als auch ein kompetenter Supervisor sein, d.h. wer Teams im Kindergartenbereich oder in der Heimerziehung beraten will,

muß sich auch in diesen Arbeitsfeldern auskennen. Der Supervisor muß ein Interesse an fachlicher Vermittlung haben, Verständnis und Akzeptanz gegenüber dem zu betreuenden Team, offen sein für Kritik, Selbstkritik und die Unterstützung der Teamentwicklung zur autonomen Problemlösung vorantreiben.
Ein guter Supervisor muß verschiedene Dinge gleichzeitig tun können. Er muß den Gruppenprozeß im Team beobachten und zugleich daran teilnehmen, also analysieren, deuten, verstehen und verbal wie nonverbal handeln.
Supervision und Teamberatung sind eine gute Möglichkeit, Probleme und Konflikte im Team aufzuarbeiten. Allerdings wäre es naiv zu glauben, daß mit dem Erscheinen dieser Fachkraft die Probleme sich in Wohlgefallen auflösen werden. Auch Supervisoren sind nicht omnipotent. Der Wunsch, sich weiterzuentwickeln im Team muß auch nach der Supervision festen Bestand haben.

STIMMUNGSPFLEGE GEGEN STIMMUNGSTÖTER

Mit Sicherheit kämen Sie nicht auf die Idee, morgens ungewaschen und ungekämmt in Ihrem Kindergarten zu erscheinen. Dafür sorgt schon die menschliche Eitelkeit. Obwohl ich eingestehen muß, genügend männliche und weibliche Studierende erlebt zu haben, die ein gestörtes Verhältnis zu Wasser, Seife und sauberer Kleidung hatten und sogar stolz auf dieses Schmuddel-Image waren. Dennoch: Die Mehrheit hält ihr Äußeres in Ordnung. Aber wie sieht der innere Mensch bei den meisten von uns aus? Da begegnet uns die mufflige, mißgelaunte Erzieherin, die sich über etwas geärgert hat, an dem wir nicht schuld sind. Sie läßt uns ihre Unzufriedenheit und ihre schlechte Laune spüren, ihre Stimmung ist auf dem Nullpunkt.
Da Stimmungen aus dem Gefühlsbereich kommen und die Auswirkung unterbewußter Gedanken sind, sollten wir die „Stimmungspflege“ als Gesundheitspflege ebenso wichtig wie die Sorge für den Körper nehmen.
Auf den vorangegangenen Seiten haben wir uns mit „Stimmungstötern“ wie Ärger, Klatsch und Tratsch, Neid, Unzuverlässigkeit bis hin zum Mobbing beschäftigt. Versuchen Sie neben den bereits beschriebenen Lösungsmöglichkeiten im Umgang mit diesen äußeren Blockaden für sich herauszufinden, was Ihre Laune hebt. Verschö-

nern Sie sich den Berufsalltag. Er ist viel länger als das Wochenende und kostet die meiste Zeit. Und Zeit ist schließlich das, was Leben ausmacht.
„Stimmungsmacher“ sind z.B.:

- Freundlichkeit
- Körperfrische
- Echte Kollegialität
- Rücksichtnahme
- ruhige Selbstsicherheit
- Humor
- Düfte
- Teetrinken
- innere Zufriedenheit
- schöne, warme Farben am Arbeitsplatz
- Lachen und Lächeln
- Blumen
- richtige Raumtemperatur
- zu Hause entspannen bei einer guten Musik

Neben allen genannten „Stimmungsmachern“ kommt die beste, ehrlichste und dauerhafteste stabilisierende Stimmung wohl immer noch vom idealen Partner oder der idealen Partnerin.

Dynamik gegen Betriebsblindheit

Die Betriebsblindheit ist eine in vielen Einrichtungen anzutreffende „Bremse“, die um so häufiger auftreten kann, je länger Mitarbeiterinnen an einer Arbeitsstelle tätig sind. Das gilt für Erzieher und Lehrer ebenso wie für andere Berufsgruppen. Betriebsblindheit verhindert Dynamik und Kreativität. Ihre Ursachen sind meist psychologisch bedingte Gründe, die bestimmte menschliche Reaktionen hervorrufen. Normalerweise liebt jeder seine Gewohnheiten, während Überraschungen eher unangenehm empfunden werden. Menschen neigen dazu, sich Veränderungen zu widersetzen, besonders dann, wenn sie mit Ängsten verbunden sind, eine Veränderung nicht meistern zu können, oder wenn sie mit Anstrengungen verbunden sind, z.B. wenn ein neues Konzept im Kindergarten oder eine neue Ausbildungsordnung in der Schule umgesetzt werden soll. Der Mensch neigt einer Veränderung erst dann zu, wenn sie ihm nützlich, nicht unbequem ist und keine Mehrarbeit bedeutet.

Nun ist weder unsere Gesellschaft, noch die Sozial- und Schulpädagogik unveränderlich. Im Gegenteil, pädagogische Strömungen und Trends sind wie soziale Strukturen einem schnellen Wandel unterworfen. Erzieherinnen müssen sich diesem Wandel ständig anpassen und können ihre Augen nicht davor verschließen.
Betriebsblindheit resultiert meist aus Bequemlichkeit, Vorurteilen, einer pessimistischen Grundhaltung (jede gute Idee mit „Killerphrasen“ ersticken) und Unsicherheit. Eine Änderung, ein Problem oder eine Idee werden als Bedrohung empfunden. Diese subjektiv erlebte Bedrohung kann beim einzelnen oder beim gesamten Team zu negativen Reaktionen, wie z.B. zu einer aggressiven Haltung, führen. Für die Vorgesetzte stellt sich hier die Aufgabe, daß ihre Mitarbeiterinnen das Problem nicht als Bedrohung sehen, sondern als Chance und Herausforderung, es zu lösen. Durch die gemeinsame Suche nach Lösungen werden in der Regel persönliche Aspekte eliminiert, weil die gemeinsame Arbeit auf ein Ziel hin auch abseitsstehende, zögernde Kolleginnen letzten Endes mitreißt. Durch die entstehende Gruppendynamik kann „Betriebsblindheit“ wirksam verhindert werden.

Krise um die Lebensmitte

„Was macht eigentlich ein Boxer, wenn er nicht mehr boxt?“ Erinnern Sie sich an diese humorvoll wie auch hintergründig gestellte Frage Loriots in seinem Film „Papa ante Portas“? Was macht eigentlich eine Erzieherin, wenn sie älter wird? Die Krise um die Lebensmitte ist ein psychologisches altersbedingtes Phänomen, von dem Männer wie Frauen betroffen sind. Die Leistungsfähigkeit nimmt ab und „Alterserscheinungen“, zu denen mangelnde Flexibilität, Betriebsblindheit und reduzierte nervliche Belastbarkeit gehören können, nehmen zu. Neben Erfahrungen älterer Kolleginnen, die Praktikantinnen wie Kindern zugute kommen, entstehen aber auch innere wie äußere Krisen, die sich in Unzufriedenheit, Nervosität oder vermehrter Reizbarkeit bzw. Überempfindlichkeit zeigen können. Schließlich im Alter zwischen 50 und 60 Jahren kann eine Phase der Angst vor dem Alter eintreten, die einen zunehmend von den zu betreuenden Kindern entfernt und zur „Oma“ im Kindergarten oder zum „Opa“ im Jugendfreizeitheim werden lassen, die

zwar beide „ganz nett“ sind, aber aus einer scheinbar anderen Welt stammen.
Häufig bemerken die Kinder oder deren Eltern zuerst, daß etwas nicht stimmt, wenn z.B. die fünfjährige Anne mittags aus dem Kindergarten kommt und erzählt, daß sie bei ihrer Gruppenerzieherin heute wieder ganz leise sein mußten oder bestimmte bewegungsintensive Aktivitäten gar nicht mehr stattfinden.
Hier besteht die große Chance, daß ältere Kolleginnen und jüngere aufeinander zugehen und sich gegenseitig unterstützen. Die ausgleichende Kraft, der Erfahrungsschatz und die Übersicht der älteren Kollegin, die Spontaneität, der Elan und die unbefangene Experimentierfreude der jungen Kollegin bilden in sich eine gute Ergänzung, die allen im Team und letztlich der Arbeit zugute kommt.

Naive, egozentrische, altruistische und andere Kolleginnen – noch eine Typologie

Jeder Mensch hat mitunter Charakterzüge und Eigenschaften, die sich im Berufsalltag in ausgeprägten Verhaltensweisen äußern, auf die andere mehr oder weniger ablehnend reagieren. Nachdem wir uns schon ausführlich mit der Typologie schwieriger Vorgesetzter beschäftigt haben, soll unser Augenmerk jetzt den „lieben“ Kolleginnen gelten, die durch „typische“ Eigenschaften besonders auffallen und Ihnen das Berufsleben wesentlich erschweren können.

Die fleißige Biene

Diese Erzieherin kennt kein Privatleben. Wie jeder Workaholic arbeitet sie ohne Unterbrechung. Sie ist morgens als erste da und verläßt die Einrichtung als letzte, denn es gibt ja immer etwas zu tun. Wenn Sie Fragen haben und Hilfe benötigen, wird Sie Ihnen stets helfen. Zwar hat sie eigentlich keine Zeit, aber die innere Bestätigung, daß ohne sie ja gar nichts laufe, wird sie veranlassen, Ihnen als Neuling unter die Arme zu greifen. Lassen Sie sich von dieser Aktionistin nicht anstecken, denn ihr Arbeitswahn hat mit echtem Engagement nichts gemein. Sie werden zwar gut mit ihr auskommen, aber unterlassen Sie möglichst Therapieversuche. Dafür benötigt Ihre Kollegin professionelle Hilfe.

Es gibt noch eine weitere Spezies, die sogenannten Quartals-Workoholics. Sie schielen auf eine Beförderung und entwickeln kurzfristig einen übersteigerten Arbeitseifer, der dann nach positivem oder negativem Ausgang ihres Vorhabens schlagartig aufhört.

Die Naive

Sie ist ziemlich weltfremd, unbedarft und manchmal auch versponnen. Diese Erzieherin läßt sich überall dreinreden und liefert sich anderen aus. Meist ist sie ausgeglichen, freundlich, zufrieden und glücklich in ihrer Rolle als ewige Zweitkraft. Die Naive schwebt im Wolkenkuckucksheim und läßt sich jeden Bären aufbinden. Als Kollegin ist sie harmlos, jedoch keine geistige Bereicherung.

Die Opportunistin

In der Ausbildung hat die angehende Erzieherin gelernt, flexibel zu reagieren. Die Opportunistin ist eine Meisterin der Flexibilität im negativen Sinne. Sie „reflektiert“ und ändert ihre Standpunkte sehr häufig, wobei sie ihre Auffassung prinzipiell mit der Meinung derer deckt, die das Sagen haben, also der Vorgesetzten oder der Wortführerin im Team. Sie dienert sich gern an und weiß ihr Fähnchen stets in den rechten Wind zu hängen. Opportunisten fehlt es an Persönlichkeit. Hinter ihnen steckt starke Unsicherheit. Wie Kinder, orientieren sie sich an Autoritätspersonen, anstatt eine eigene Meinung, ein eigenes Profil zu entwickeln.
Halten Sie im Umgang mit einer opportunistischen Kollegin besser Ihre Meinung für sich. Auch wenn sie heute noch Ihre Auffassung vertritt, kann sie morgen bereits die Seite gewechselt haben. Opportunisten sind Katzbuckler, die mit gezinkten Karten und den Gefühlen anderer spielen.

Die Nörglerin

Wenn Sie die ganze Welt umarmen möchten, können Sie sicher sein, daß die Nörglerin Ihnen die Stimmung verdirbt. Sie bläst ständig Trübsal, schafft es, im falschen Augenblick die falsche Frage zu stellen. Als Miesmacherin hält sie nur weniges für lobenswert und als Spielverderberin liegt ihr besonders die Rolle der beleidigten Leberwurst.

Dieser Typus wird zu recht von anderen abgelehnt. Eine Erzieherin, die sich durchgehend oder vorwiegend so verhält, muß sich fragen lassen, ob sie nicht den Beruf verfehlt hat. Durch ihr Auftreten findet sie keinen Zugang zu anderen. Da sie auf die Holzhammermethode setzt, ist es nicht falsch, ihr eine entsprechende Rückmeldung auf dieses Verhalten zu geben. Nehmen Sie sich kein Wort der Nörglerin zu Herzen. Fragen Sie sie doch ganz arglos und erstaunt, warum sie seit so vielen Jahren in dieser Einrichtung arbeitet, wo doch alles so schrecklich ist. Vermutlich wird sie dann für einige Zeit ihre Nörgeleien unterlassen.
Ständige Nörgler gehören zu den sogenannten „desintegrierten Persönlichkeiten", die sich nur schwer oder gar nicht eingliedern lassen. Für sie besteht eine permanente berufliche Krise.

Die Zersetzerin

Während sich die Nörglerin vorwiegend selbst kasteit, geht es der Zersetzerin darum, Unheil anzurichten, wo immer Kolleginnen zusammen sind. Sie läßt eine scheinbar harmlose Bemerkung fallen, stellt eine naive Frage oder gibt „rein zufällig" eine witzige Information preis, und der Same der Verunsicherung ist subtil in die Zuhörerschaft gesät, ein Konflikt liegt in der Luft, Streit bricht aus. Sie aber spielt die Ahnungslose und Unbeteiligte, die mit alledem nichts zu tun hat. Wer einmal mit einer derartig konfliktgeilen Kollegin zu tun hatte, wird sie fortan meiden, zumindest äußerst vorsichtig sein, was bestimmte Informationen und Äußerungen anbetrifft.

Die Hetzerin

Sie beklagt sich endlos über ihre Probleme und Sorgen, hört sich mit scheinbarem Interesse Vorschläge an, lehnt jedoch alle Hilfsangebote ab. Ein Ventil für ihre Frustrationen findet sie, indem sie ihre Kolleginnen auf Trab hält und deren Abneigungen gegen andere schürt, nur um zu sehen, daß Sie in Wut geraten. Die Hetzerin spielt mit Vorliebe die hilflose Märtyrerin, bis ihre Zuhörer vor Wut und Ohnmacht außer sich sind. Das Ziel dieser Strategie ist „der Wutausbruch in Vertretung", d.h. eine andere wird an Stelle der Hetzerin wütend, solange die das Feuer schürt. Immer wieder wird es im Berufsleben Situationen geben, wo Sie Gefahr laufen, in die Fänge einer Hetzerin zu geraten. Sobald Sie spüren, von ihr instrumentalisiert oder anvisiert zu werden, sollten Sie ihr energisch gegenübertreten und Ihre Vorgesetzten einschalten.

Die Frohnatur

Als Anfängerin sind Sie vermutlich dankbar, wenn sich in Ihrem Team eine ständig gut gelaunte Frohnatur befindet. In der Regel ist sie auch eine wirkliche Bereicherung für die Kolleginnen. Frohnaturen können einem in der Eingewöhnungsphase helfen, kleine Krisen nicht allzu tragisch zu nehmen. Da Frohnaturen auch sehr oberflächlich sein können, müssen Sie für sich selbst gefühlsmäßig Grenzen ziehen.

Die Klatschtante

Um es gleich vorweg zu sagen: Es gibt auch männliche Klatschtanten. Sie sind unschwer zu erkennen, weil sie Ihnen meist im Flüsterton Interna und Intimitäten anvertrauen, ganz unter dem Mantel der Verschwiegenheit natürlich. Aus den banalsten Beobachtungen werden die abenteuerlichsten Schlüsse gezogen, nicht aus Böswilligkeit, sondern weil sie einfach klatschen muß.
Kolleginnen, die bereits länger mit ihr zusammenarbeiten, machen meist von vornherein Abstriche bei ihren „Mitteilungen" oder hören ihr erst gar nicht zu. Deshalb stürzt sich die Klatschtante besonders gern auf Neulinge im Team.
Überlegen Sie sich genau, was sie ihr mitteilen wollen. Je desinteressierter Sie wirken, je langweiliger der Stoff ist, den sie der Klatschtante anbieten, um so eher wird sie von Ihnen ablassen. Wenn sie dennoch versucht, wieder einmal hinter sich und Ihnen die Tür zu schließen, bitten Sie doch einfach eine Kollegin hinzu mit der Bemerkung: „Was wir zu besprechen haben, kann jeder hören. Wir haben hier keine Geheimnisse...".

Die Faule

Sie läßt den lieben Tag lang sein, hält sich gekonnt von der Arbeit, insbesondere von unangenehmen Aufgaben, fern. Eines ihrer Talente ist die Fähigkeit, andere für sich arbeiten zu lassen und sich überall herauszureden. Ist sie auch noch besonders phlegmatisch, braucht sie einen Leithammel, der ihr sagt wo's langgeht. Solange

man sie in Ruhe faul sein läßt, pfeift sie auf die Meinung der anderen. Im Team spielt sie nicht selten die Rolle der Trittbrettfahrerin, die als solche nicht immer sofort erkannt wird.
Lassen Sie sich nicht von einer faulen Kollegin einspannen und ausnutzen. Hilfsbereitschaft und kollegiale Gefälligkeit sollten in einem gut funktionierenden Team selbstverständlich sein. Faule Ausnutzer weist man jedoch nur mit einem klaren „Nein“ in ihre Grenzen, zudem kommt in jedem Team Unzufriedenheit und Verärgerung auf, wenn sich eine Kollegin auf Kosten der anderen einen allzu bequemen Tag macht.

Die Überkorrekte

Geradezu zwanghaft beharrt sie verknöchert auf ihren Prinzipien, kann unbarmherzig gegen sich selbst und andere sein, hat einen Vollkommenheitstick und ist eine permanente Rückversichererin. Bei einer Leiterin, die über diese Persönlichkeitsstruktur verfügte, konnte ich abgebissene Fingernägel beobachten, bei einem männlichen Kollegen eine völlig verbissene Unterlippe. Da Überkorrekte auch „verbissen“ arbeiten, läßt sich ihr Wesen unschwer auch am äußeren Erscheinungsbild erkennen. Vielleicht haben Sie ähnliche Erfahrungen gemacht?!
Die verknöcherte überkorrekte Prinzipienreiterin fällt bei ihren Kolleginnen eher unangenehm auf, wird jedoch von der perfektionistischen Vorgesetzten besonders geschätzt. Solange Sie selbst nicht durch das neurotische Verhalten der beiden in Mitleidenschaft gezogen wurden, werden Sie zumindest als deren Therapeutin überfordert sein.

Die Altruistische

Die selbstlose Kollegin läßt sich ausbeuten, versucht allen gerecht zu werden, drängt sich immer vor, ist meinungshörig und eine Leisetreterin. Sie mischt sich auch in anderer Kolleginnen Angelegenheiten – natürlich nur aus dem Wunsch heraus zu helfen. Dieses wiederum wird als lästig und anbiedernd empfunden. Als Lobhudlerin hockt die Altruistische ihren Kolleginnen ständig auf der Pelle. Wer sie nicht unredlich für seine eigenen ungeliebten Arbeiten einzuspannen gedenkt, wird sich nur durch ein klares Wort von ihrer erdrückenden Zudringlichkeit befreien.

Die Egozentrische

Es gibt so gut wie nichts, was sie für lobenswert hält. Sie hört sich am liebsten selbst reden und ist sich auch sonst allein die Nächste. Die seinerzeit in der Ausbildung erworbenen sozialen Kompetenzen, hakt diese Erzieherin unter der Rubrik „Buchwissen" ab und praktiziert lieber das Gegenteil. Im Durchsetzen ihrer eigenen Interessen ist sie nicht zimperlich und geht über Leichen. Sie macht sich selbst zum Maßstab, läßt keine fremden Göttinnen neben sich stehen und lebt nach der Devise: „Ihr könnt mir den Buckel runterrutschen." Dieses Verhalten ist teamfeindlich und wird – je nach Position und Status der Egozentrischen – mehr oder minder rasch zu Konflikten führen. Lassen Sie sich von der egozentrischen nicht bevormunden oder an die Wand spielen.

Die Ungeduldige

Wie die hektische Vorgesetzte ist die ungeduldige Kollegin ein richtiger Zappelphilipp. Ihr ruheloses Verhalten überträgt sich auf ihre Kindergruppe wie auf ihre Kolleginnen. Sie kann nicht warten, will gleich starten und handelt dadurch oft gedankenlos. Sie glaubt Siebenmeilenstiefel zu besitzen, fällt jedoch immer wieder auf die Nase, weil ihr die Schuhe um einige Nummern zu groß sind. Lassen Sie sich von der Ungeduldigen nicht aufscheuchen und antreiben. Überlassen Sie diesen „selbstgestrickten" Streß Ihrer Kollegin.

Die Launische

Die launische Kollegin unterscheidet sich bis auf die unterschiedliche Funktion nicht von der launenhaften Vorgesetzten. Beide haben die Eigenschaft, die beleidigte Leberwurst zu spielen und wie Rumpelstilzchen aufzustampfen. Sie können wie aus der Sprühdose giften und im Handumdrehen die Stimmung töten. In solchen Situationen ist bei ihnen dann der Verstand entsprechend reduziert. Am besten lassen Sie die Miesmacherin mit sich allein bis sie – zumindest für den heutigen Tag – nicht mehr glaubt, überall zu kurz gekommen zu sein.

Die Gehemmte

Eine der geforderten Eigenschaften bei Erziehern, ist die Fähigkeit, auf andere zugehen zu können. Die gehemmte Erzieherin, die „graue Maus“ bzw. das „Mauerblümchen“ verkriecht sich in ihr Schneckenhaus. Sie flüchtet vor Problemen, steckt den Kopf in den Sand und wirkt wie ein verloschener Vulkan. Bei Meinungsverschiedenheiten wirft sie schnell die Flinte ins Korn und umgibt sich mit einem Panzer. Da sie häufig auch mundfaul ist, verunsichert sie die anderen und eckt dadurch an. In der Regel ist sie im Umgang mit ihrer Kindergruppe und Kolleginnen recht geduldig, weiß aber ihre Fähigkeiten nicht recht zu plazieren. Nehmen Sie Ihre gehemmte Kollegin so wie sie ist.

Die Verkrampfte

Sie arbeitet verbissen, läuft wie aufgezogen und ist ständig in Abwehrhaltung. Kritik wird von ihr als persönlicher „Liebesentzug“ aufgefaßt. Sie reagiert dann mimosenhaft und zieht sich in ihr Schneckenhaus zurück. Als Kollegin kann sie aber auch eine beinharte Rückversicherin sein, die aneckt und gegen Windmühlenflügel kämpft. Da sie mit ihren Kolleginnen wenig anzufangen weiß, wird es hier nur schwer zu Beziehungen kommen, die über das rein dienstliche hinausgehen.

Die Überhebliche

„Eigentlich wollte ich etwas ganz anderes werden. Wenn meine Eltern mich unterstützt hätten, wäre ich heute nicht bloß Erzieherin“, sagte eine Kollegin mit leicht überheblichem Unterton. Überheblichkeit ist eine uralte menschliche Schwäche, die auch vor den Inhabern sozialpädagogischer Berufe nicht halt macht. Die überhebliche Kollegin sieht sich gern im Mittelpunkt, sie hält sich für überqualifiziert, sieht alles nur durch ihre Brille und überfährt andere sehr schnell. Sie hat immer das letzte Wort und wird deshalb besonders von jungen Praktikantinnen gefürchtet. Stellen Sie die Eitelkeit Ihrer Kollegin nicht in Frage, treten Sie ihr gegenüber jedoch selbstbewußt auf. Das wird sie respektieren.

Die Aufdringliche

Es gibt Menschen, die haben kein Gespür für Distanz und Nähe. Die aufdringliche Kollegin ist wie eine Klette. Sie bildet sich ein, jederzeit und überall willkommen zu sein, badet sich im eigenen Wohlgefallen und glaubt an die Holzhammermethode. Ihr kommen eher die Worte „Hoppla“ als „Verzeihung“ über die Lippen, sie ist nicht besonders sensibel und ist durch ihr „Brett vor dem Kopf“ nur schwer in der Lage, Grenzen zu erkennen. Da die aufdringliche Kollegin als selbsternannte Weltverbesserin auch dazu neigt, andere zu bevormunden, werden Sie gut daran tun, schon zu Beginn Grenzen zu setzen und sich nicht von ihr vereinnahmen zu lassen.

Die Überdrehte

Ähnlich wie die aufdringliche ist die überdrehte Kollegin sehr kontaktgierig. Sie klopft nichtssagende Sprüche, macht Trallala hier, Trallala da, ist oberflächlich, drängelt sich gern vor, redet sich überall heraus und steht mit beiden Beinen fest in der Luft. Als „Quasselstrippe“ führt sie gerne lange Monologe. Das Zuhören fällt ihr äußerst schwer, was vertiefte Gespräche mit Kolleginnen fast unmöglich macht. Sie kommt vor Denken nicht zum Lenken, d.h. sie plant alle möglichen Vorhaben, setzt sie dann aber nicht praktisch um. So bleiben viele Ideen nichts als Luftschlösser. Menschen mit Tiefgang, und das sind Erzieherinnen in den allermeisten Fällen, werden sich schnell von der Überdrehten zurückziehen.

Die Kränkliche

Niemand von uns ist vor Krankheiten gefeit, so auch nicht vor denen, die langfristig durch berufsbedingten Streß ausgelöst werden können. Ob jemand wirklich krank ist oder simuliert, ist nicht die Frage, die an dieser Stelle erörtert werden soll. Beim kränklichen Typ – gleich ob weiblich oder männlich – geht es um Menschen, die alles schwarz sehen, ständig jammern, Problemen durch Flucht ins „Kranksein“ ausweichen, sich von jedem Lüftchen umpusten lassen, muffelig sind, ausschließlich bei Gesprächen ihre Befindlichkeit in den Mittelpunkt stellen, übertreiben und ansonsten Scheuklappen tragen. Sie ecken an, halten nichts für lobenswert und spielen die beleidigte Leberwurst. Ihr Denken ist von Rückzug geprägt. Und

das, obwohl es weder Spannungen, Konflikte, noch Mobbing oder Bossing an ihrer Arbeitsstelle gibt.
Wenn das fortwährende Gejammer Ihrer „kränklichen" Kollegen Sie zu sehr strapazieren sollte, werden Sie nicht umhinkommen, ihr ein paar freundliche wie ehrliche Worte zu sagen. Sagen Sie ihr, daß sie am besten ärztlichen Rat suchen sollte, da Sie sich, was die Vielschichtigkeit ihrer Probleme betrifft, überfordert fühlen. Manchmal trägt eine derartige Reaktion positive Früchte für beide Seiten.

Die Strategin

Die Strategin verfolgt unter dem Motto „Alles für die Einrichtung" („Alles für den Träger" oder „Alles für das Lehrerkollegium") gezielt bis rücksichtslos ihre eigenen Ziele. Sie macht Kolleginnen das Leben schwer, indem sie sie im Interesse des „Trägers" (der „Gerechtigkeit", der „Sache wegen") drangsaliert. Sie sucht sich Verbündete innerhalb des Teams oder Kollegenkreises nur dort, wo sie ihr nützlich sein können und entwickelt „natürlich ganz selbstlos" Taktiken, die mit fairen Spielregeln nichts zu tun haben. Meist geht es nur um eigennützige Interessen, sich ein möglichst bequemes Leben zu erhalten. Wenn sich mehrere Strategen dieser Art zu einer Gruppe zusammenfinden (man spricht auch von „Anziehungseffekt"), weil die Gruppe ein gemeinsames Ziel verfolgt, kommt es nach außen zum Trennungseffekt, der nicht ohne weiteres erkennbar ist. Überspitzt formuliert könnte man ein derartiges Team mit einer Bande vergleichen, die sich zusammenschließt, um gemeinsam andere auszutrixen und zu übervorteilen.
Strategien und Manöver werden immer wieder von Menschen eingesetzt. Während Manöver in der Regel zeitlich begrenzte Aktionen darstellen, die von wenigen Augenblicken bis zu einem Tag dauern können, sind Strategien stets langfristig angesetzt. Es gibt Menschen, die häufig das gleiche Manöver anwenden, um etwas zu erreichen. Es ist ein fester Bestandteil ihres Verhaltens. Sofern Sie länger mit diesen zusammen sind und sie näher kennen, können Sie oft schon vorausschauen, wie diese sich verhalten werden. Da versucht z.B. eine Kollegin, Sie durch eine Scheinmotivation zu überzeugen (besser: zu überreden), ihr eine unangenehme Arbeit abzunehmen. Am Ende erreicht sie mit ihrem Manöver einen Trennungseffekt, da erkennbar wird, daß sie ausschließlich ihre eigenen egoistischen Ziele

verfolgt. Typische Manöverreaktionen im Berufsalltag sind z.B. Provozieren und Negieren.
Strategien sind vielseitiger und intensiver als einzelne Manöver, verlaufen aber in der Regel nach dem gleichen Muster wie Manöver. Haben Sie erst einmal die Strategien einer Kollegin erkannt – meist, nachdem Sie in die Falle getappt sind – werden Sie das nächste Mal aufmerksamer zuhören und sich wahrscheinlich nicht mehr so leicht von ihr für die Durchsetzung ihrer Interessen instrumentalisieren lassen. Bei „Berufsstrategen" ist immer eine erhöhte Aufmerksamkeit angebracht. Manchmal tappen sie auch in eigene Fallen.

PROBLEME MIT ELTERN – FINGERSPITZENGEFÜHL UND GEDULD

Sie haben sich als Erzieherin für Ihren Beruf entschieden, weil Ihnen der Umgang mit Menschen Spaß macht und in der Regel leichtfällt. In der beruflichen Praxis stellt sich der erfolgreiche Kontakt hin und wieder schwieriger dar, als während der Fachschulausbildung angenommen. Das gilt auch für den Umgang mit den Eltern Ihrer Klienten. Da erlebt die Erzieherin im Kindergarten neben zahllosen freundlichen und kooperativen Eltern z.B. auch die ständig nörgelnde Mutter, die meint, man – also Sie – würde ihrem Kind nicht gebührend gerecht. Da tritt ein anmaßender Vater auf, der Ihnen pädagogisches Fehlverhalten unterstellt. Eine überbehütende Mutter nervt Sie durch extremes Klammern und Kontrollbesuche, eine andere Mutter stört sich am Essen der Einrichtung oder führt ein negatives Verhalten ihres Kindes auf die Einrichtung zurück. Die Probleme können letztlich von der aufgebauschten Bagatelle, über unterschiedliche pädagogische Vorstellungen bis zu Mißtrauen und Polarisierung zwischen Eltern und Erzieherin reichen.
Als Berufsanfängerin fühlen Sie sich in einer entsprechenden Gesprächssituation wahrscheinlich verkrampft und unsicher, finden nicht die richtigen Worte und wirken womöglich wenig überzeugend. Während der Ausbildung haben Sie Ihre Kommunikationsfähigkeit trainiert und sind in der Lage, sich in Ihr Gegenüber hineinzuversetzen, auch in eine aufgebracht wirkende Mutter oder einen unwirsch auftretenden Vater.
Über den Erfolg oder Mißerfolg der Begegnung entscheiden oft schon die ersten Sekunden. Wie begegne ich dem anderen? Nehme

ich sofort eine Abwehrstellung ein – innerlich wie äußerlich durch Gestik, Mimik und Körperhaltung?
Konzentrieren Sie sich voll auf Ihr Gegenüber und signalisieren Sie ihm dadurch Aufmerksamkeit und das Gefühl, ernstgenommen zu werden. Gleichzeitig werden Sie versuchen, Ihr Gegenüber einzuschätzen, um sich im weiteren Gesprächsverlauf optimal auf ihn einstellen zu können.
Hören Sie zunächst geduldig zu, was Ihnen Ihr Gegenüber zu sagen bzw. vorzuhalten hat. Geduldiges Zuhören signalisiert Interesse am anderen Menschen. Wieweit Sie heute ein aktiver Zuhörer sind, hängt von Ihrer Tagesform ab, von der Beziehung zum Gesprächspartner und den bisherigen Erfahrungen mit ihm, von Ihren eigenen Einstellungen und Erwartungen an sich selbst und von den Vorstellungen darüber, wie man sich zu verhalten hat. Auf die Frage, wie man sich als Erzieherin im Problem- bzw. Konfliktgespräch mit Eltern verhält: Bleiben Sie auf jeden Fall ruhig, gelassen und freundlich. Signalisieren Sie Verständnis, ohne sich zu verbiegen, d.h. ohne ungerechtfertigte Zugeständnisse zu machen.
Bleiben Sie sachlich. Das ist nicht immer einfach, wenn Sie selbst betroffen sind. Zur Sachlichkeit einer Auseinandersetzung können Sie beitragen, wenn Sie um die genaue Benennung des Problems bitten.

Als aktive Zuhörerin werden Sie selbst aktiv, indem Sie

- versuchen, zu erfassen, was wirklich gemeint ist und ausgedrückt werden soll,
- die Gefühlslage und Stimmung Ihres Gegenübers erfahren,
- sich mit spontanen Reaktionen zurückhalten,
- durch körperliche Signale (Blickkontakt, Kopfnicken, offene dem Redner zugewandte Haltung) zu erkennen geben, daß Sie den Äußerungen folgen,
- zusammenfassen und klären, ob Sie alles richtig verstanden haben („Habe ich Sie richtig verstanden, es geht Ihnen um...“),
- das Verständnis auf der Beziehungsebene herstellen („Ich kann mir vorstellen, daß Sie dieses Vorgehen hat.“).

Sprechen Sie die Gefühle Ihres Gegenübers direkt an. Das erfordert Fingerspitzengefühl, hilft Ihnen jedoch die Hintergründe für Unzufriedenheit, Enttäuschung, Zweifeln und Abwehrhaltung besser zu erkennen und zu entschlüsseln. Senden Sie Ich-Botschaften. Gerade in schwierigen, konfliktträchtigen Situationen ist es wichtig, sich zu bekennen, statt mit „man" und „wir" eigene Aussagen zu verallgemeinern.
Vertreten Sie Ihre Auffassung freundlich und selbstbewußt. Es kann gar nicht oft genug betont werden, daß bei einem konfliktorientierten Gespräch die Fähigkeit freundlich zu bleiben und geduldig zuzuhören entscheidend für Ihren Erfolg sind.
Geduldiges Zuhören können Sie trainieren, indem Sie z.B. erst sprechen, wenn der andere wenigstens drei Sekunden schweigt. Gespräche, die so geführt werden, sind meist sehr ertragreich, da der gesamte Sprechfluß ruhiger wird und die Intensität und Menge der Botschaften deutlich zunimmt.
Die Pausentechnik empfiehlt sich überall da, wo der Gesprächspartner emotional „überwältigt" ist und bei kritischen, tadelnden und unfairen Aussagen des anderen. Zum einen kommt es nicht so leicht zu einem emotionalen Aufschaukeln zwischen Ihnen und Ihrem Gegenüber und damit zu einer nur schädlichen Weise, den Konflikt auszutragen. Zum anderen sinkt der Aggressionsspiegel eines Menschen, der sich völlig aussprechen, sich „alles von der Seele reden" kann, ohne unterbrochen zu werden. In der Regel bricht ein verbalaggressiver Ausbruch so nach wenigen Minuten in sich zusammen.

Hilfe bei privaten Problemen

Niemand von uns ist vor privaten Problemen gefeit. Ein Krankheits- oder Todesfall in der Familie, eine Trennung, persönliche Krisen und Tiefschläge, finanzielle Probleme wirken sich fast immer auf das Berufsleben aus. Wenn die Gedanken fortwährend um die privaten Sorgen kreisen, wird es Ihnen schwerfallen, sich zu konzentrieren und ein Ohr für die Probleme anderer zu haben. Auch Ihre Motivation wird voraussichtlich sinken und die Gefahr Fehler zu machen, wächst. Kommen Sie in eine derartige Situation während des beruflichen Einstiegs, können Sie es sich scheinbar nicht leisten, sich in schwacher Form zu präsentieren, allein schon aus der eigenen Über-

legung heraus, weil niemand weiß, welches Potential in Ihnen steckt. Natürlich ist es denkbar ungünstig, wenn zwei „Extreme" aufeinander treffen: eine private Krise und die erste berufliche Bewährungsphase. Akzeptieren Sie, was Sie im Augenblick nicht ändern können und versuchen Sie nicht im Selbstmitleid zu versinken. Aus meiner eigenen Lebenserfahrung heraus kann ich Ihnen nur raten, sich dem Problem zu stellen. Scheuen Sie sich nicht, die Hilfe anderer in Anspruch zu nehmen. Das gilt auch für harte Bewährungsproben, wie den Umgang mit Tod oder Trennung. Am Arbeitsplatz werden Sie zunächst nicht erwarten können, daß Ihre neue Vorgesetzte und die Kolleginnen ahnen, was Sie bedrückt. Wenn etwa ein nahestehendes Familienmitglied gestorben ist oder Sie eine Trennung hinter sich haben, sollten Sie unbedingt Ihre Vorgesetzte und Kolleginnen, mit denen Sie enger zusammenarbeiten, informieren. Bitten Sie um Verständnis, falls Sie im Augenblick die gestellten Erwartungen nicht ganz erfüllen. Schlagen Sie eine ehrliche und gutgemeinte Hilfe von Kolleginnen nicht aus, vermeiden Sie jedoch das Verständnis des Teams allzu stark zu strapazieren. Verhalten Sie sich abweisend oder launisch, wird die Zuwendung und Geduld bald aufgebraucht sein.
Haben Sie ganz persönliche Probleme, stecken Sie in einer tiefen seelischen Krise, so sollten Sie sich nicht scheuen, professionelle ärztliche und psychologische Hilfe in Anspruch zu nehmen. Auch wenn Ihre Kolleginnen Sie ermuntern, ausführlicher über Ihre Probleme zu reden, sollten Sie Berufs- und Privatleben zu trennen wissen, wollen Sie nicht in die Rolle des hypersensiblen Sorgenkindes geraten oder gar Klatschopfer werden („Die ist sehr labil und nicht belastbar."). Auch wenn es Ihnen heute noch nicht gelingen mag, so versuchen Sie morgen Ihren Feierabend oder das Wochenende so angenehm wie möglich zu machen. Tanken Sie Kraft und verabreden Sie sich für ein schönes Essen, Kino, Sport oder Konzertbesuch. Vermeiden Sie „chemische Tröster" wie Tabletten und Alkohol. Sie rauben Ihnen die Energie und lassen unweigerlich neue Probleme entstehen.
Nach dem Tod eines mir sehr nahestehenden Menschen, stürzte ich mich intensiv in die Arbeit, was mir half, den Verlustschmerz besser zu überwinden, Ablenkung verschaffte und gleichzeitig noch Erfolge brachte. Vielleicht finden Sie für sich eine ganz andere Form der Verarbeitung. Halten Sie, sobald der Schmerz Sie nicht mehr lähmt, nach positiven Erlebnissen Ausschau. Sie können im beruflichen wie

im privaten Lebensbereich liegen. Wenn Sie wieder Land sehen, haben Sie die Möglichkeit, Ihrer Vorgesetzten für ihr Verständnis und den Kolleginnen für ihre Unterstützung zu danken. Sicher wird es den Tag geben, an dem Sie anderen in einer ähnlichen Lage wie Ihrer Beistand und Hilfe geben können.

Berufliche Krise – Alarmsignale und „innere Kündigung“

Es gibt immer wieder freiwillige und unfreiwillige Gründe, sich beruflich zu verändern.
Renate, die nach der Geburt ihres Kindes einige Jahre als Erzieherin ausgesetzt hatte, übernahm eine Vollzeitstelle in einem Kindergarten. Schon am Anfang hatte sie den Eindruck, daß es für sie schwer sein würde, mit der neuen Leiterin auszukommen. Sie unterdrückte die Bedenken und trat die Stelle an. Nach kurzer Zeit wurde sie immer nervöser, versuchte mehr und mehr gegen ihr eigenes Gefühl sich an die Vorstellungen ihrer Leiterin anzupassen. Das Ergebnis war ständige Unzufriedenheit und Frustration.
Widerstände entstehen, wenn Vorhaben und Entscheidungen, die bei logischer Prüfung als sinnvoll und dringend notwendig erschienen, dann aus erst nicht ersichtlichen Gründen nicht oder nur schleppend umgesetzt werden. Dieses Verhalten wird begleitet von einer nicht

näher zu fassenden Unlust, von Gefühlen wie Zweifel, Ärger und Ängsten, Unzufriedenheit mit sich selbst und fehlendem Antrieb.
Die erste spontane Reaktion auf Widerstand ist in der Regel Ungeduld, persönliches Unbehagen und schließlich völlige Unzufriedenheit. Ernstzunehmende Krisen entstehen nicht von heute auf morgen, sondern bahnen sich an.
Widerstände und Alarmsignale sind:

- Sie haben das Gefühl, daß nichts mehr weitergeht und Sie nur mühsam und zähflüssig vorankommen.
- An den meisten Tagen gehen Sie lustlos in Ihre Einrichtung und sehnen sich nach Feierabend und Wochenende.
- Die Kommunikation im Team funktioniert nicht.
- Bei dem Gedanken, noch jahrzehntelang die gleiche Arbeit machen zu müssen, wird Ihnen äußerst unwohl.
- Sie sprechen nicht gern über Ihre Arbeit. Meist fällt Ihnen zu diesem Thema nur Negatives ein.
- Bei Ihnen treten Müdigkeit und Energieverluste auf, Ihr Engagement hat sich sehr reduziert.

Wenn Sie diese Symptome oder ähnliche Alarmsignale seit längerem bei sich feststellen, sollten Sie sich Zeit nehmen und dem Widerstand auf den Grund gehen. Offensichtlich sind Sie mit Ihrer jetzigen beruflichen Situation unzufrieden. Nehmen Sie die augenblicklichen Gegebenheiten nicht als unveränderbar hin, verharren Sie nicht passiv in der ungeliebten Situation, sonst wird sich der unbefriedigende Zustand nur noch weiter verschlimmern.
Die Folgen passiven Verhaltens führen zur „inneren Kündigung“, mit der Sie den letzten Rest an beruflicher Freude und Befriedigung verlieren. Die innere Kündigung ist im Gegensatz zur äußeren Kündigung, die eine formelle Beendigung eines Arbeitsverhältnisses ist, eine psychische Verfassung und ein Zustand der Distanzierung und Desillusion.
Gudrun, die sich als Mitarbeiterin in einer Kindertagesstätte ständig von ihrer Vorgesetzten mißtrauisch kontrolliert und gegängelt fühlte, fügte sich nach anfänglichem Aufmucken in ihr Schicksal, bis sie

schließlich so demotiviert war, daß sie sich für die „innere Kündigung“ entschied. Die innere Kündigung ist ein stiller Protest, von dem Vorgesetzte im allgemeinen nichts wissen. Der Rückzug erfolgt nicht spontan. In der Regel geht ihm ein längerer Prozeß der Unzufriedenheit voraus, bei dem Sie sich innerlich immer weiter von Ihrem Team und Ihrer Vorgesetzten distanzieren.
Der Prozeß der „inneren Kündigung“ läuft meist in vier Phasen ab:

1) Sie sind mit dem Arbeitsalltag unzufrieden und erledigen Ihre Aufgaben nicht mehr mit dem gewohnten Eifer und Elan. Ihr körperliches Befinden sendet erste Signale (Müdigkeit, Gereiztheit, Nervosität). Ihr Immunsystem ist anfälliger als gewöhnlich. Sie arbeiten nur noch nach dem Prinzip „Dienst nach Vorschrift“.
2) Sie ziehen sich zurück, vertreten eigene Standpunkte nicht mehr und gehen Diskussionen möglichst aus dem Weg.
3) Sie reduzieren alle anstehenden Tätigkeiten auf das Notwendigste. Gleichgültigkeit und ein Gefühl der Resignation hat sich ausgebreitet.
4) Sie sind absolut demotiviert und bringen nicht mehr die Kraft auf, sich den Anforderungen des Berufsalltags zu stellen. Die Folge sind Arztbesuche und hohe Fehlzeiten.

Lassen Sie es nicht soweit kommen. Überlegen Sie, inwieweit Ihre Unzufriedenheit mit äußeren Faktoren (Verhältnis zum Team, zur Vorgesetzten, sehr langer Fahrweg, schlechte Bezahlung) zusammenhängen. Nur Sie selbst wissen am besten, wo es hakt, wo die Mängel sind, welche Stärken und Schwächen Sie haben (siehe auch: Selbstanalysen). Die häufigsten beruflichen Ursachen sind ständige Differenzen mit Kolleginnen und Vorgesetzten, schlechtes Arbeitsklima, Mobbing, ständige Unter- bzw. Überforderung, unfähige Leitungsstruktur, einengender Führungsstil, ständige Kritik und mangelnde Anerkennung.
Prüfen Sie auch, ob Ihre Unzufriedenheit tatsächlich berufliche Ursachen hat. Vielleicht ist in Ihrem Privatleben etwas nicht in Ordnung, das Sie verdrängen und nicht aufgearbeitet mit ins Berufsleben nehmen. Leiden Sie vielleicht unter Unstimmigkeiten in Ihrer Part-

nerschaft oder sind Sie möglicherweise im Privatleben nicht ausreichend ausgelastet und ausgeglichen. Wenn es ausgeschlossen ist, daß die Ursachen im Privatbereich zu suchen sind, sondern es ausschließlich an Ihrem beruflichen Umfeld liegt, sollten Sie im Team oder mit Ihrer Vorgesetzten über Ihre Gedanken und Empfindungen sprechen. Stoßen Sie nach sorgfältiger Abwägung aller Faktoren auf Unverständnis, werden Sie sich, vielleicht nachdem Sie auch mit Ihnen vertrauten Freunden besprochen haben, zur „äußeren Kündigung", also einem Stellenwechsel entschließen. Sie haben jetzt die Chance, die Weichen nicht nur neu für sich, sondern auch besser zu stellen. Ein Arbeitsplatzwechsel ist natürlich keine alltägliche und leichte Sache, schon gar nicht, wenn dazwischen eine Zeit der Arbeitslosigkeit liegt, die immer auch mit finanziellen Einschränkungen verbunden ist.
Falls die Berufsaussichten in dem sozialpädagogischen Bereich, in dem Sie gern tätig sein möchten, zur Zeit eher düster sind, lassen sie sich noch heute einen Termin beim Arbeitsamt geben, informieren Sie sich über Fortbildungsmöglichkeiten und den Erwerb von Zusatzqualifikationen. Strukturieren Sie Ihren Tag und geben Sie nicht der Versuchung nach, abzuschlaffen. So beugen Sie depressiven Stimmungen vor. Melden Sie sich zu einem Fortbildungseminar an. Damit schlagen Sie zwei Fliegen mit einer Klappe: Sie bleiben geistig aktiv und verbessern Ihre Ausgangssituation bei Bewerbungen. Zudem können Sie Kontakte zu Menschen aufnehmen, die Ihnen beruflich und persönlich gut tun. Nutzen Sie in dieser Zeit auch die Möglichkeit Erfolgserlebnisse in anderen Bereichen zu sammeln (Freizeit, Hobby, Sport, Entspannung usw.). Sie werden dabei zu neuen Erkenntnissen, Einstellungen, Fähigkeiten und Fertigkeiten kommen, die Ihnen Energie für neue Ziele geben können.

Wenn es zur echten Kündigung kommt

Ein Arbeitsverhältnis wird in der Regel durch die Kündigung beendet. Dies ist eine „einseitige Willenserklärung". Sie wird erst wirksam, wenn sie dem Vertragspartner zugeht. Mit „einseitiger Willenserklärung" wird zum Ausdruck gebracht, daß die Kündigung nicht der Einwilligung des Gekündigten bedarf; sie muß ihm lediglich ordnungsgemäß zugegangen sein. Die Kündigung hat nach § 57 BAT

schriftlich zu erfolgen. Dies gilt für den Arbeitgeber wie den Arbeitnehmer. Während der Arbeitgeber im Kündigungsfall den Kündigungsgrund angeben soll, brauchen Sie als Arbeitnehmerin, die z.B. wegen unüberwindbarer Spannungen mit Ihrer Kita-Leiterin kündigt, keine Begründung zu nennen.
Eine Rücknahme der Kündigung ist nur mit dem Einverständnis des Gekündigten möglich.
Wenn sich Arbeitgeber und Arbeitnehmer über die Auflösung des Arbeitsverhältnisses einigen, kann ein Auflösungs- oder Aufhebungsvertrag nach § 58 BAT zu jedem vereinbarten Zeitpunkt ohne Einhaltung einer Frist erfolgen.
Wissen sollten Sie noch, daß zwischen ordentlicher und außerordentlicher Kündigung unterschieden wird.
Danach ist eine ordentliche Kündigung erst wirksam, wenn sie Ihnen vor Beginn der Kündigungsfrist zugegangen ist, und zwar per Einschreiben mit Rückschein. Innerhalb von drei Wochen vom Zeitpunkt des Eingangs des Kündigungsschreibens bei Ihnen können Sie beim Arbeitsgericht gegen die Kündigung Klage erheben. Das gilt auch bei außerordentlicher Kündigung.
In zahlreichen Fällen kommt es vor, daß die Kündigung vom Arbeitsgericht zwar aufgehoben wird, jedoch eine Weiterbeschäftigung dem Gekündigten – also Ihnen – nicht zuzumuten ist. Dann haben Sie einen Anspruch auf Auszahlung eines steuerfreien Abfindungsbetrages.
Im Fall der außerordentlichen Kündigung muß ein „wichtiger Grund“ vorliegen. Wer z.B. unerlaubt vom Dienst fernbleibt, die Arbeit verweigert, seine Aufsichtspflichten den anvertrauten Kindern gegenüber grob fahrlässig verletzt oder den betrieblichen Frieden empfindlich stört, liefert einen „wichtigen Grund“ zur fristlosen Entlassung. Gründet sich die fristlose Kündigung auf die Wiederholung von bestimmten Vorkommnissen, muß der Arbeitnehmer zuvor zu einer Verhaltensänderung aufgefordert worden sein, z.B. durch schriftliche Abmahnungen. Die außerordentliche Kündigung ist innerhalb einer Frist von zwei Wochen nach dem Zeitpunkt auszusprechen, zu dem der Arbeitgeber von dem Entlassungsgrund sichere Kenntnis erhalten hat. Nach dem Überschreiten der Frist wird die Kündigung unwirksam.

Einfaches oder qualifiziertes Zeugnis

Nach Beendigung des Dienstverhältnisses haben Sie Anspruch auf Ausstellung eines Zeugnisses. Auch eine Praktikantin kann bei Beendigung des Praktikumsverhältnisses ein Zeugnis verlangen, aus dem der besondere Zweck des Praktikums, Art, Dauer und Ziel hervorgehen und die erworbenen Kenntnisse und Fertigkeiten der Praktikantin beschrieben werden. Das Zeugnis ist vom Rechtsträger der sozialpädagogischen Einrichtung auszustellen, d.h. sofern die Kirchengemeinde z.B. Rechtsträger des Kindergartens ist, so muß der Pfarrer das Zeugnis unterschreiben. Ist der Träger eine Elterninitiative bzw. ein eingetragener Verein, ist die Unterschrift des/der Vorsitzenden oder eines beauftragten Vorstandsmitglieds notwendig. Die Unterschrift der Kindergartenleiterin allein genügt nicht. Sie bereitet das Zeugnis vor und unterschreibt es mit, was den Träger jedoch nicht von der Pflicht enthebt, das Zeugnis durch die gültige Unterschrift zu verantworten.
Daß Zeugnisse schriftlich auszustellen sind, weiß eigentlich jeder. Nicht ganz so bekannt ist der Unterschied zwischen einem „einfachen“ und einem „qualifizierten“ Dienstzeugnis. Das einfache gibt lediglich einen Hinweis auf die Art und Dauer der Beschäftigung.
Ein Beispiel:

„Die Erzieherin Frau Gisela Schlüter war vom 1. August 1993 bis zum 31. Juli 1998 in unserem Kindergarten St. Augustinus als Gruppenleiterin beschäftigt.

Unterschrift(en)“

Entscheiden Sie sich für ein „qualifiziertes“ Dienstzeugnis, so wird es Angaben zu Ihrer Person, dem Beschäftigungsträger, Ihren Aufgabengebieten, Ihren Leistungen und Auftreten im Team und gegenüber Eltern beinhalten. Schließlich wird der Grund Ihres Ausscheidens genannt (z.B. auf eigenen Wunsch, Umzug, Schwangerschaft) verbunden mit des besten Wünschen für die Zukunft, Stempel und Unterschriften.
Das Zeugnis soll alle für die Gesamtbeurteilung wesentlichen Angaben wahrheitsgetreu beinhalten. Neben der Wahrheitspflicht muß sich das Zeugnis auch immer am Wohlwollen messen lassen. Da Dienstzeugnisse in sozialpädagogischen Berufen immer ein heikles

Thema und Auslegungssache sind, sollten Sie sich bei einem Ihrer Meinung nach unrichtigen Zeugnis juristisch beraten lassen. Sie haben grundsätzlich bei einem unrichtigen Zeugnis einen Berichtigungsanspruch, der sich vor dem Arbeitsgericht auch einklagen läßt. Das erweiterte qualifizierte Zeugnis umfaßt

- Vorname, Familienname, Geburtsdatum und -ort,
- Angaben über die Dauer des Beschäftigungsverhältnisses (Eintritt- und Austrittsdaten,
- Angaben über die Art des Beschäftigungsverhältnisses, eventuelle unterschiedliche Arbeitsplätze in der Einrichtung (mit Begründungen),
- Beschreibung des zuletzt betreuten Aufgabenfeldes,
- Beschreibung wahrgenommener Sonderaufgaben
- Kenntnisse, Erfahrungen und Entwicklung der Mitarbeiterin auf den ihr zugewiesenen Arbeitsplätzen,
- Beurteilung von Leistung und Verhalten: Leistungsbeurteilung (Stärken, Fähigkeiten, Fertigkeiten, Erfolge) und Beurteilung des Sozialverhaltens am Arbeitsplatz und Beurteilung der Vertrauenswürdigkeit und Loyalität,
- Nähere Angaben über die Auflösung des Arbeitsverhältnisses
- Schlußformulierung (Dank und Wunsch für die Zukunft)
- Unterschriften und Stempel bzw. Siegel.

ZEUGNISCODES – BUCH MIT SIEBEN SIEGELN

Wahrscheinlich haben Sie schon einmal von den „Zeugniscodes“ gehört, deren sich Arbeitgeber bedienen. Dabei geht es um Formulierungen, mit denen die wahre Beurteilung verschleiert wird.

ZEUGNISFORMULIERUNG	DAHINTER STECKEN IN WIRKLICHKEIT
... hat die ihr übertragenen Aufgaben stets zu unserer vollsten Zufriedenheit erledigt	sehr gute Leistungen
... stets zu unserer vollen Zufriedenheit erledigt	gute Leistungen
... zu unserer vollen Zufriedenheit erledigt	befriedigende Leistungen
... zu unserer Zufriedenheit erledigt	ausreichende Leistungen
... im großen und ganzen zu unserer Zufriedenheit erledigt	mangelhafte Leistungen
... hat sich bemüht, die ihr übertragenen Aufgaben zu unserer Zufriedenheit zu erledigen	ungenügende Leistungen, völlig ungeeignet
... hat sich im Rahmen ihrer Fähigkeiten eingesetzt	war besonders faul
... hat unseren Erwartungen entsprochen	zeigte schlechte Leistungen
... hat alle Arbeiten ordnungsgemäß erledigt	zeigt wenig Eigeninitiative
... galt als tolerante Mitarbeiterin	Probleme mit Vorgesetzten

Sie sehen: Dienstzeugnisse können ein Buch mit sieben Siegeln sein. Wenn Sie selbst ein solches Zeugnis ausstellen, werden Sie also sorgfältig formulieren müssen und ebenso genau darauf achten, was Ihnen andere ins „Stammbuch" schreiben.
Da codierte Formulierungen meist mittelmäßige und schwache Leistungen oder negative Verhaltensweisen umschreiben, sollten sie besser zugunsten aussagekräftiger Formulierungen verschwinden.

WIEDEREINSTIEG IN DEN ERZIEHERBERUF

Der Wiedereinstieg in den Erzieherberuf gelingt um so leichter, je kürzer die Unterbrechung der Erwerbstätigkeit war. Dies gilt zum Beispiel nach einem Erziehungsurlaub. Familienbedingte Wünsche zur Dauer und Gestaltung der Arbeitszeit können Probleme aufwerfen. Allerdings werden auch immer wieder gerade im Kindergarten- und Hortbereich Halbtags- und Zweidrittelstellen angeboten, die ein Miteinander von Beruf und Familie eher ermöglichen.
Für Sie stellen sich beim Wiedereinstieg konkrete Fragen:

1. Wie müssen die Arbeiten in meinem Haushalt und meiner Familie organisiert werden?
2. Wie ist während meiner Arbeitszeit die Versorgung meines Kindes/meiner Kinder gewährleistet und welche Kosten entstehen hierfür?
3. Muß ich meine Fachkenntnisse aktualisieren und welche Möglichkeiten der Fort- und Weiterbildung bieten sich an?
4. Welche sozialversicherungsrechtlichen und steuerlichen Fragen muß ich beachten?

Nützliche Informationen und Anregungen erhalten Sie z.B. vom „Mütterzentren Bundesverband e.V." in 20257 Hamburg und vom „Verband allein stehender Mütter und Väter" in 12159 Berlin.

Die neue Stelle

Wie bei der jungen Erzieherin, die ihre erste Stelle antritt, weckt voraussichtlich auch bei Ihnen als bereits erfahrene Fachkraft ein Stellenwechsel zunächst gemischte Gefühle. Zum einen freuen Sie sich auf die neue Einrichtung und Ihr Aufgabengebiet, zum anderen bestehen Unsicherheiten und Sie werden sich – je nach Ihren Vorerfahrungen – fragen, was Sie jetzt genau erwartet.
Neben dem fast natürlichen Lampenfieber vor der neuen Herausforderung haben Sie die Chance, die bisher erlebten Arbeitsbedingungen und Routine gegen ein neues Umfeld und andere Arbeitsweisen mit vielleicht neuen Aufgabenstellungen einzutauschen. Da niemand am Anfang gleich alles weiß, werden Sie sich erst einmal mit Fingerspitzengefühl die Informationen besorgen, die für Sie am Anfang wichtig sind.
In der Einarbeitungszeit zahlt sich Eigeninitiative immer aus. Das gilt auch für Diplomatie und Zurückhaltung in den ersten Wochen. Sie verringern so die Wahrscheinlichkeit, Fehler im Umgang mit Ihren neuen Kolleginnen und Vorgesetzten zu machen. Zu Beginn wissen Sie noch nicht, wer welche Rolle im Team spielt und unter Umständen geraten Sie an die größte Opportunistin oder die alles miesmachende Nörglerin, die gleich zu Beginn ein negatives Bild von Ihrer neuen Arbeitsstelle zeichnet.
Da Sie aufgrund Ihrer Ausbildung Beobachtungsprofi sind, werden Sie das Geschehen zurückhaltend und sorgfältig beobachten, bevor Sie eigene Akzente setzen.

Sie wollen Leitungsaufgaben übernehmen

Der Erzieherberuf gehört bei uns nicht zu den sogenannten „Karrierejobs“. Im Vergleich mit anderen Berufen bei gleicher Eingangsvoraussetzung und gleicher Ausbildungsdauer wird der Erzieherberuf in Deutschland verhältnismäßig niedrig bezahlt. Die Unterbewertung des Berufsbildes ist trotz der gestellten hohen Anforderungen vor dem Hintergrund leerer Kassen politisch gewollt. Mit Ausnahme der Bundesrepublik Deutschland werden in den Ländern der europäischen Union Erzieherinnen und Erzieher im Hochschulbereich ausgebildet. Das gilt für Frankreich, Spanien, Portugal und Griechenland in gleicher Weise wie für Italien, Dänemark und Schweden. Eine in Deutschland ausgebildete Erzieherin kann in keinem Land Europas in Ihrem Beruf arbeiten. Sie hat allenfalls eine Chance als Helferin eingesetzt zu werden.

Jetzt werden Sie vielleicht sagen: Was geht‘s mich an? Ich will ja in Deutschland arbeiten bzw. bin seit Jahren als Gruppenerzieherin tätig und fühle mich mit dem, was ich mache und verdiene, recht wohl. Es mag müßig sein, auf die europäischen Nachbarn zu schauen, wenn sich das eigene Leben hier abspielt und man sich nach den hiesigen beruflichen Gegebenheiten zu richten hat.
Haben Sie sich dennoch in letzter Zeit wiederholt gefragt, ob Sie in Ihrem Beruf als Erzieherin aufsteigen wollen, sich vielleicht für eine übergeordnete Tätigkeit oder Leitungsfunktion bewerben möchten? Von der richtigen Antwort hängt nicht selten Ihre Zufriedenheit im Beruf und im Privatleben ab. Wenn Sie mit Ihrer derzeitigen Tätigkeit und Funktion vollkommen zufrieden sind, wird sich Ihnen die Aufstiegsfrage nicht stellen. Wenn Sie aber das Gefühl haben, kurz- oder langfristig mehr Verantwortung übernehmen zu wollen, sollten Sie zu Ihrem Wunsch stehen und versuchen, ihn in die Realität umzusetzen.
Wer sich für eine Leitungsfunktion bewirbt, wird sich fragen, ob er für die ausgeschriebene Position geeignet ist. Sie haben in Ihrem Arbeitsfeld im Lauf‘ der Jahre Erfahrungen gesammelt und viele schwierige Situationen gemeistert, haben Schwachstellen überwunden und eine gewisse Routine entwickelt, die Sie bekräftigt, sich einer Leitungsaufgabe zu stellen.
Überlassen Sie das passive Abwarten anderen und bewerben Sie sich. Sie wissen, was Sie können und lassen sich nicht durch falsche Bescheidenheit von Ihrem Vorhaben abbringen. Kleine Selbstzweifel lassen sich ausräumen. Legen Sie sich zu Hause sämtliche Beweise für bisher bestandene Prüfungen und Herausforderungen auf den Tisch (Schul- und Arbeitszeugnisse, Fortbildungszertifikate, Lehrgangsbescheinigungen, Arbeitsverträge, Urkunden, Führerschein usw.). Erinnern Sie sich daran, wie aufgeregt Sie vor diesen Tests waren und wie erleichtert und stolz danach.
Verbannen Sie Negativgedanken wie „Das schaff‘ ich nicht“ oder „Da gibt‘s bestimmt noch andere, die das besser können als ich“. Ersetzen Sie dieses Self-fulfilling-Prophecy-Denken durch eine Selbstbekräftigung: „Ich packe das!“ – „Die gestellte Aufgabe werde ich erfolgreich meistern!“
„Irgendwie“ kommt man in der Regel nicht in eine Leitungsposition d.h. Sie können Ihr berufliches Weiterkommen nicht allein dem Zufall überlassen, sondern müssen es selbst in die Hand nehmen. Als

Erzieherin wissen Sie: Nur wer ein Ziel kennt, kann es ohne große Umwege erreichen. Die meisten Vorhaben lassen sich nur über eine sorgfältige Planung bewältigen. Ohne Ziele bzw. Visionen leidet auf Dauer Ihre Motivation. Wer sein berufliches Weiterkommen geistig vor Augen hat, kann sich bietende Chancen schneller erkennen und Sackgassen besser vermeiden.
Nehmen Sie sich ein paar Minuten Zeit und machen Sie eine kleine „Phantasiereise". Schließen Sie Ihre Augen und stellen Sie sich vor, wie Sie in etwa fünf Jahren leben möchten. Jeder Gedanke ist erlaubt:
Haben Sie einen Partner? Kinder? Wo und wie wohnen Sie? In welchem Arbeitsbereich sind Sie als Erzieherin tätig? Wie sieht Ihr Tagesablauf aus? Welche Funktion haben Sie inzwischen erreicht? Arbeiten Sie noch immer in der gleichen Einrichtung? Haben Sie Wunschträume? Wollen Sie beruflich noch einmal etwas ganz anderes machen?
Waren bei der Phantasiereise Ihre Vorstellungen eher unklar oder hatten Sie bereits genauere Vorstellungen von der Zukunft? Dann schreiben Sie für sich doch einmal drei bis fünf Ziele auf, die Sie innerhalb der nächsten fünf Jahre erreichen möchten. Entscheidend sollte sein, daß Sie sich Ihrer Wünsche, Visionen und Prioritäten bewußt werden, um entsprechend handeln zu können. Klare Vorstellungen sind der erste Schritt auf dem Weg zur Realisierung Ihrer Ziele.

Sie haben es geschafft – und jetzt?

Die Aufstiegsmöglichkeiten für Erzieherinnen sind begrenzt. Sie haben es geschafft und sind seit kurzem Leiterin in einer Kindertagesstätte und Vorgesetzte mehrerer Mitarbeiterinnen. Freuen Sie sich über diesen Erfolg. Er ist die logische Konsequenz Ihres Einsatzes und Ihrer Fähigkeiten.
Es kann sein, daß sich bei Ihnen nach einer kurzen Euphorie erste Zweifel einstellen, ob Sie der neuen Aufgabe und dem Mehr an Verantwortung gewachsen sind. Vielleicht spielen Sie auch bewußt Ihren Erfolg herunter und führen ihn mehr auf eine glückliche Fügung als auf Ihre Qualitäten zurück. Sicher mögen beim Weiterkommen Glück, Zufall, Beziehungen oder auch das Unvermögen anderer eine

Rolle spielen. Ausschlaggebend sind jedoch Ihre Fähigkeiten, die so überzeugend sind, daß sie letztlich zum Erfolg geführt haben.
Waren Sie bereits in anderen Positionen erfolgreich, haben Sie die schwierigsten inneren und äußeren Blockaden vermutlich ohnehin schon gelöst und sind in der Lage, die erreichte Stellung zu halten.
In den meisten Fällen werden Leitungspositionen öffentlich ausgeschrieben, um sie mit Bewerberinnen bzw. Bewerbern von außen zu besetzen. Im Schuldienst wird dieses Verfahren bei der Besetzung von Schulleiterstellen grundsätzlich angewandt. Nur in besonderen Ausnahmefällen wird einmal davon abgewichen. Ähnliches gilt auch im sozialpädagogischen Bereich. Allerdings sind die Regelungen hier nicht ganz so eng ausgelegt. Wenn Ihr Aufstieg jetzt innerhalb des Teams in Ihrer Einrichtung erfolgte, kann das Vor- und Nachteile mit sich bringen. Sie kennen zwar die Verhältnisse und Strukturen in der Einrichtung, wissen um die Schwächen und Stärken Ihrer Kolleginnen und auch Ihr neues Aufgabengebiet als Leiterin ist Ihnen wahrscheinlich vertraut. Da der Aufstieg im vertrauten Umfeld mit wenig äußerer Umstellung verbunden ist, mag dies sicher ein Vorteil sein. Sie sollten jedoch nicht den Fehler machen, vorschnell zu glauben, „daß sich also nicht viel ändern wird". Diese Vorstellung ist meist falsch, denn wer gestern noch Kollegin war und heute Leiterin und Dienstvorgesetzte ist, sollte mögliche Schwierigkeiten einplanen. Das gilt auch, wenn Sie sich bisher im Team hervorragend verstanden haben. Ihre Kolleginnen brauchen Zeit, um sich (innerlich) auf die veränderte Situation einzustellen. Mit Sensibilität und Fingerspitzengefühl können Sic unnötige Probleme schon im Vorfeld ausräumen.
Von dem verstorbenen Schauspieler Helmut Qualtinger stammt der Satz: „Die größten Genossenschaften sind die Neidgenossenschaften". Vielleicht haben sich andere in Ihrem Team Hoffnungen auf die Leitungsstelle gemacht. Der Frust kann leicht in Eifersüchteleien und Neid umschlagen. Machen Sie mögliche Neider deshalb am besten zu Ihren Verbündeten. Kapseln Sie sich nicht hinter Ihrem Schreibtisch ab, beziehen Sie Ihre Kolleginnen in Entscheidungen mit ein und übertragen Sie ihnen verantwortungsvolle Aufgaben. Angeknackstes Selbstbewußtsein läßt sich so wieder aufbauen, die Wogen glätten sich und Sie demonstrieren Souveränität.

Es kann auch sein, daß es der einen oder anderen Kollegin schwerfällt, Sie als Vorgesetzte zu akzeptieren, weil Sie nach wie vor als gleichberechtigt angesehen werden und man sich dementsprechend verhält. Wenn Sie hier nicht rechtzeitig Flagge zeigen, und zwar freundlich, aber unmißverständlich, kann es dazu kommen, daß Ihre Anweisungen nicht ernst genommen, nur sehr locker oder verspätet erledigt werden.

Nicht ganz unproblematisch ist der Umgang mit Freunden. Wenn Sie also ein enges freundschaftliches Verhältnis zu einem Teammitglied haben, müssen Sie berufliches und privates strikt trennen. Eine Sonderbehandlung, die Freunde vielleicht erwarten, sollten Sie nicht zulassen, weil sich dann die anderen zu Recht beschweren können. Verständnis und Entgegenkommen dürfen nicht mit „Extrawürsten" oder „Amigoaffären" verwechselt werden. Heißt es etwa: „Du weißt doch, daß ich nicht gerne mit den Kindern ins Schwimmbad gehe. Laß doch die anderen gehen.", so können Sie die Situation entschärfen, ohne von Ihrer Position abzuweichen: „Ich würde Dir gern immer Arbeit geben, die Spaß macht. Aber es gibt auch andere Aufgaben, die erledigt werden müssen. Und diesmal bist Du an der Reihe. Du möchtest sicher auch nicht, daß im Team der Eindruck entsteht, ich würde Dich aufgrund unserer Freundschaft ungerechtfertigt bevorzugen." Eine echte Freundschaft muß diese Klarstellung vertragen können, denn guter Kontakt zum gesamten Team ist ein wichtiger Erfolgsfaktor.

Sollten Sie die Leitung einer für Sie neuen Einrichtung mit neuen Gesichtern und Strukturen übernehmen, kommen zu Beginn verstärkte Herausforderungen auf Sie zu, allerdings auch der Vorteil, daß man Sie nicht als frühere Kollegin, sondern nur als die neue Vorgesetzte kennt. Sie müssen sich nur selbst an Ihre neue Rolle gewöhnen, nicht jedoch Ihre Mitarbeiter.

Über Ihre Aufgaben und Kompetenzen als Leiterin wissen Sie Bescheid, zudem wurden beim Vorstellungsgespräch und bei einem Treffen mit Ihrer Vorgängerin wichtige Fragen geklärt.

Da es darüber hinaus am Anfang immer noch unbeantwortete Fragen gibt, sollten Sie sich diese Punkte notieren und am besten mit Ihrem Vorgesetzten klären (z.B. mit dem zuständigen Abteilungsleiter im Jugendamt, der für Sie zuständigen Kindergarten-Koordinatorin in Kirchengemeinde, Caritas oder Diakonie usw.). Schon bald werden Sie in Ihrer Einrichtung die Strukturen im Team erkennen.

Dies gelingt um so besser, wenn Sie sich anfangs verstärkt mit Ihren Mitarbeiterinnen zusammensetzen. Sie erfahren so auch ziemlich rasch, wer besonders dominant im Team ist, ob sich jemand abkapselt oder ob es eine Grüppchen- bzw. Frontenbildung gibt. Unter Umständen gibt es jemanden im Team, der auf Ihre Stelle als Leiterin spekuliert, dann sich vielleicht, aus welchen Gründen auch immer, nicht beworben hat, jetzt aber auf Sie nicht gut zu sprechen ist. Vielleicht hat diese Person auch noch eine sichere Rolle im Team. Beobachten Sie genau, wer von den anderen geschätzt wird, sich Ihnen gegenüber aber sehr distanziert verhält. Gehen Sie auch hier, wie im Fall der bekannten Einrichtung vor und machen Sie eventuelle Gegner zu Verbündeten. Beziehen Sie diese in Ihre Entscheidungen mit ein, während Sie gleichzeitig freundlich deutlich machen, wer letztlich das Sagen hat. Verschaffen Sie sich einen Überblick über die Arbeitsweise und Neigungen Ihrer Mitarbeiterinnen. Machen Sie jedoch nicht den Fehler, sich bei einer Kollegin nach den Leistungen einer anderen zu erkundigen, es sei denn, Sie führen ein Gespräch über die Bewertung einer Praktikantin. Ansonsten hätten Sie als neue Vorgesetzte keinen guten Start.
Es liegt an Ihnen als Leiterin und Vorgesetzte, ob Ihr Team homogen ist, also an einem Strang zieht, welche Atmosphäre in der Einrichtung herrscht. Sie können innovative Impulse setzen oder blockieren. Und Sie haben es in der Hand durch geschickte Führung ein motivationsförderndes Klima im Team zu schaffen.

Die Erzieherin als Vorgesetzte

Chefin und „Kopf der Familie“

Während Sie in Ihrer Ausbildung zur Erzieherin vor allem für die Arbeit mit Kindern und Jugendlichen qualifiziert wurden, blieb im Lehrplan der Fachschule für Sozialpädagogik höchstwahrscheinlich nur wenig Platz für Fragestellungen, die sich aus dem täglichen Umgang mit Kolleginnen und Vorgesetzten ergeben. Dabei machen sie den zweiten wesentlichen Teil Ihres beruflichen Handelns aus. Die Fachschulebene ist, was die Vorbereitung der Erzieherin auf ihre Rolle als Leiterin und Vorgesetzte anbetrifft, nur bedingt geeignet, zumal ganz wesentliche Erfahrungen für das Ausfüllen dieser Position erst im Berufsleben gesammelt werden können.

Als Leiterin haben Sie eine herausgehobene Position. Sie sind die erste Ansprechpartnerin Ihres Trägers und repräsentieren Ihre Einrichtung sowohl nach innen wie nach außen. Im Innenbereich sind Sie Dienstvorgesetzte Ihrer Mitarbeiterinnen und Mitarbeiter. Zu Ihren wichtigsten Führungsqualitäten gehört das Wecken von Teamgeist, das Fällen von Entscheidungen und Lösen von Konflikten. Aus der Führungsrolle heraus werden Sie auch sinnvoll delegieren, konstruktiv kritisieren, Konflikte schlichten und lösen, die Motivation fördern, integrieren, fair vorgehen und Verantwortung übernehmen.

Zur Vorgesetztenrolle der Erzieherin gehören ganz bestimmte Verhaltensweisen, die als ungeschriebene Regeln mit ihrer Aufgabe verknüpft sind und von ihren Mitarbeiterinnen als selbstverständlich erwartet werden. In gewissem Sinn fungiert die Vorgesetzte als „Kopf der Familie“ und muß es sich gefallen lassen, von ihren Mitarbeiterinnen dafür genommen zu werden. Hieraus ergeben sich Konsequenzen, indem z.B. die Vorgesetzte durch ihr Auftreten und Verhalten demonstriert, daß sie für alle Kolleginnen da ist und sich auch für alle verantwortlich fühlt. Über alle noch so verständlichen und naheliegenden Gefühle von Sympathie und Antipathie hinweg sollten Sie als Vorgesetzte grundsätzlich allen Mitarbeiterinnen gleichermaßen freundlich und aufgeschlossen zugewandt sein.
Die grundsätzliche Freundlichkeit und Zuwendungsbereitschaft schließt natürlich nicht aus, daß Sie Kritik äußern, wo es angebracht und erforderlich ist. Kritik ist mehr als ein notwendiges Übel. Richtig eingesetzt, stellt sie ein unentbehrliches Mittel dar, das von großem Nutzen sein kann. Viele Erzieherinnen scheuen sich, dieses Werkzeug zur Hand nehmen, weil sie fürchten, jemanden zu verletzen. In der Hoffnung, die Betreffende würde ihren Fehler selbst erkennen, wird abgewartet. Durch diese Haltung vergrößert sich in der Regel das Problem. Die Fehler wiederholen sich, und die Mitarbeiterinnen nehmen ihre Vorgesetzte nicht ernst. Wenn der bisher stets nachsichtigen „Chefin“ doch irgendwann der Kragen platzt, fühlen sich die Mitarbeiterinnen ungerecht behandelt. Nicht ganz zu Unrecht, zumal lang aufgestaute Kritik in der Regel heftig ausfällt und das Team dann besonders irritiert ist.
Wenn Sie als Vorgesetzte Kritik äußern müssen, gehen Sie behutsam dabei vor. Leiten Sie Ihre Kritik nicht damit ein, indem Sie darauf hinweisen, was nicht stimmt. Das drängt die betreffende Person in die Defensive, und wer sich verteidigen muß, hört nicht zu. Statt dessen sollten Sie zunächst erwähnen, daß sie deren Fähigkeiten und Anstrengungen zu schätzen wissen. Richten Sie dann das Augenmerk auf das, was erforderlich ist, um die Sache zu verbessern oder zu verhindern, daß sie künftig schiefgehen könnte. Beenden Sie die Erörterung schließlich, indem Sie die Kollegin noch einmal wegen ihres Einsatzes loben und ihr Unterstützung anbieten.
Wenn sich eine Mitarbeiterin einmal einen gravierenden Fehler leistet und Ihre Erwartungen überhaupt nicht erfüllt, können Sie direkter werden. Nennen Sie rasch das festgestellte Fehlverhalten und

belegen Sie Ihre Beobachtungen durch konkrete Beispiele. Sagen Sie in ruhigem Ton, was Sie davon halten und wie Sie dies beurteilen. Sie zeigen so unmißverständlich, welches das festgestellte und welches das erwünschte Verhalten oder Ergebnis ist. Besprechen Sie auch die Ursachen und möglichen Folgen des Fehlverhaltens.
Legen Sie möglichst mit der kritisierten Kollegin fest, wie das künftige Verhalten aussehen soll. Vermeiden Sie auf jeden Fall Rundumschläge, mit denen Sie pauschal die gesamte Person in Frage stellen und kritisieren Sie grundsätzlich nicht vor Dritten. Das erschwert der Angegriffenen die Einsicht, da sie glaubt, sich rechtfertigen zu müssen, um das Gesicht nicht zu verlieren. Nehmen Sie sich für ein Kritikgespräch genügend Zeit, ohne das Gespräch endlos auszuweiten.
Ein Kritikgespräch sollte immer zwei Ziele haben: Einerseits wollen Sie verhindern, daß sich bestimmtes Fehlverhalten wiederholt und andererseits muß der Fehler bzw. der entstandene Schaden beseitigt werden. Am besten geschieht das durch konstruktive, also aufbauende Kritik, wo Sie zusammen mit Ihrer Mitarbeiterin den Fehler klar analysieren, um ihn möglichst schnell wieder beheben zu können. Konstruktive Kritik ermuntert zur Reflexion und hilft der Kritisierten ihre Fehler zu verstehen. Sie wird gleichzeitig auch von selbst Mittel finden, mit denen die Fehler behoben werden können. So vermittelt ihr konstruktive Kritik ein Gefühl der Wertschätzung und spornt ihren Ehrgeiz an, sich zu verbessern. Damit gelingt es Ihnen als Leiterin und Vorgesetzte, die Mitarbeiterin zu motivieren, ohne einen Fehler auf die leichte Schulter zu nehmen.

Distanz und Nähe

Als Leiterin und Vorgesetzte führen Sie nach dem Motto „Sehen-Urteilen-Handeln". Das gilt sowohl für die pädagogische Arbeit, als auch für das Zusammenspiel im Team.
In der Anfangsphase sollten Sie kumpelhaftes Auftreten tunlichst vermeiden. Eine notwendige Portion Distanz, die nicht mit Überheblichkeit oder Arroganz zu verwechseln ist, hilft beim Stecken klarer Grenzen. Sie haben einen wesentlichen Einfluß auf das Klima in ihrer Einrichtung. Halb bewußt, halb unbewußt erwarten nämlich Ihre Kolleginnen, daß Sie als Leiterin die Zügel in die Hand nehmen.

Lassen Sie sich in Ihrer Führungsposition nicht beirren. Appellieren Sie an das Wir-Gefühl im Team, machen Sie Entscheidungen transparent und drücken Sie auch mal ein Auge zu, wenn sich eine Mitarbeiterin in einem psychischen Tief befindet.
Ebenso sollten Sie auf Unkorrektheiten schnell reagieren, wenn Sie z.B. von einem Teammitglied wiederholt bei Entscheidungen übergangen oder wichtige Informationen an Ihnen vorbeigeleitet werden. In diesen Fällen müssen Sie die Sache sofort klarstellen, freundlich, aber auch nachdrücklich.
Wie in einer Familie reagieren auch die Teammitglieder in einer sozialpädagogischen Einrichtung sauer, wenn sich Vorgesetzte zuwenig oder zuviel um sie und ihre Probleme kümmern. Ähnliches läßt sich auch von Lehrerkollegien sagen. In einem Fall haben sie den Eindruck, von „Mama“ bzw. „Papa“ alleingelassen zu sein, im anderen fühlen sie sich ständig kontrolliert und bevormundet. Am zufriedensten ist die „Mitarbeiter-Familie“, wenn die Vorgesetzte den goldenen Mittelweg findet, d.h. ihr in wesentlichen, schwierigen und problematischen Dingen tatkräftig beisteht und ihr im übrigen einen erfreulichen – und somit motivierenden – Handlungsspielraum läßt.

Konflikte früh anpacken

Von der Vorgesetzten als „Haupt der Familie“ wird auch erwartet, daß sie bei Streit zwischen den „Geschwistern“ schlichtend eingreift. Grundsätzlich sind zwei Konflikt-Arten zu unterscheiden: Es gibt Konflikte zwischen Ihnen selbst und einem anderen, sowie Streitigkeiten unter Mitarbeiterinnen, vor denen Sie als Vorgesetzte nicht die Augen verschließen können. Es ist ein Irrglaube, daß jeder Konflikt entweder mit einem Sieg oder mit einer Niederlage endet. Viele vermeiden die Auseinandersetzung lieber gleich, um nicht zu unterliegen. Dadurch gären die Konflikte unterschwellig weiter und werden mit der Zeit nur größer. Je früher ein Konflikt angepackt wird, um so besser.
Seit einiger Zeit beobachten Sie in Ihrem Kindergarten, daß Ihre Mitarbeiterin Sarah den Kolleginnen ausweicht. Sie fragen sich, ob es für dieses Verhalten berufliche oder private Gründe gibt. Private könnten häusliche Sorgen, Enttäuschungen oder Erschöpfung sein. In der Einrichtung könnte es z.B. Interaktionsstörungen geben,

Frustrationen, verdrängter Ärger oder Unterlegenheitsgefühle. Ist der Grund erkennbar, können Sie versuchen, ihn unmittelbar zu beheben. Da dies jedoch meist nicht der Fall ist, sollten Sie darauf achten, daß Sie nicht vermutete Gründe mit erkennbaren verwechseln. Will die Mitarbeiterin ihre Gründe nicht nennen (Scham, Angst, Schuldgefühle...) oder weiß sie selbst nicht so genau, was mit ihr los ist, empfiehlt sich eine Kontaktaufnahme mit dem Primat der Kommunikation, nicht aber mit dem Primat der Information („Warum weichen Sie mir aus?") oder des Appells („Sie können ganz offen mit mir über Ihre Probleme sprechen!"). Ein solches Gespräch mit der betreffenden Kollegin sollte „zufällig" erscheinen und ohne lange Anmeldung in einer für die Kollegin günstigen Atmosphäre geschehen. Eventuell sind mehrere kontaktknüpfende Gespräche nötig, ohne daß die Mitarbeiterin sich bedrängt, belästigt oder genötigt fühlt. Nichts zu unternehmen, ist meistens falsch.

SIND SIE EINE „ANGSTQUELLE" FÜR IHRE MITARBEITERINNEN?

Gehören Sie zu den Vorgesetzten, vor denen die Mitarbeiterinnen Angst haben? Hoffentlich nicht! Dennoch gibt es verschiedene Ursachen, die diese Ängste auslösen können. Aufgrund von Abwehrereignissen kann latente Angst sich immer da zeigen, wo möglicherweise reale Angst angebracht sein könnte, wenn die Vorgesetzte dazu neigt, unvorhersehbar, besonders streng oder ungerecht zu reagieren. Die Gründe für „Angst vor Mißerfolg", wie sie bei vielen Praktikantinnen vorhanden ist, sind besonders vielschichtig. Nahezu alle Menschen haben solche Ängste, zumindest gelegentlich. Sie können begründet sein:

- in Unsicherheit und Minderwertigkeitsgefühlen verschiedenster Art,
- in erhöhter Empfindlichkeit gegenüber Mißerfolg,
- in der Erfahrung, daß Mißerfolge regelmäßig „bestraft" werden (Wer als Kind unangemessene „Bestrafungen" erlebte, ist in der Regel zeitlebens auf potentielle Mißerfolge hin sensibilisiert. Nicht nur die Eltern, auch ganze Erzieher- und Lehrergenerationen haben hier großen Schaden angerichtet.),

- in negativen, abschreckenden Beispielen, die zeigen, daß „man“ Angst haben muß, etwas falsch zu machen.

Gegen die meisten der hier genannten Ängste läßt sich nichts machen. Doch oftmals lassen sie sich mildern, wenn Sie einer noch ängstlichen, unsicheren neuen Mitarbeiterin oder Praktikantin deutlich machen, daß auch sie das Recht hat, Fehler zu machen und bereit ist, dafür die Verantwortung zu übernehmen. Sie haben es auch in der Hand, Ihre Mitarbeiterinnen nicht durch unvorhersehbares Verhalten zu verunsichern und ihnen das Gefühl sozialer Sicherheit zu vermitteln. Um Konflikte, die ursächlich auf Ängste zurückzuführen sind und das Betriebsklima empfindlich stören können, ist für eine funktionierende Kommunikation zu sorgen. Wenn mehrere Mitarbeiterinnen vor Ihnen Ängste haben, werden Sie als Vorgesetzte davon ausgehen können, daß der Fehler bei Ihnen liegt. Sie werden herausfinden wollen, was das Verhalten der Mitarbeiter bewirkt, um die Angstquelle nachhaltig zu verstopfen, wollen Sie nicht eine isolierte Leiterin in einem völlig demotivierten Team sein.
Bei kleinen Streitereien zwischen Kolleginnen halten Sie sich am besten heraus. Schließlich handelt es sich in Ihrem Erzieherinnen-Team um erwachsene Menschen, die nicht wie deren zu betreuende Kinder behandelt werden wollen. Oder halten Sie es für erforderlich, sich einem Streitgespräch zu stellen, ob die von einer Kollegin besorgten Äpfel für den Mittagstisch eher 120 oder 150 Gramm das Stück wiegen sollten oder ob eine Kollegin zu laut im Mitarbeiterzimmer telefoniert hat?
Bei länger anhaltenden Konflikten und größeren Auseinandersetzungen sind Sie natürlich als Vorgesetzte gefordert. Nehmen Sie Ihre Intuition ernst, wenn Sie glauben, daß etwas im Team nicht stimmt und handeln Sie. Damit nicht aus Mißstimmungen Spannungen entstehen, sich Fronten bilden und es zu den bereits beschriebenen Mobbingprozessen kommt, muß die Kommunikation im Team stimmen. Versuchen Sie, die Ursache des Konflikte herauszubekommen durch eigene Beobachtungen, durch Gespräche mit den Betroffenen und vielleicht außenstehenden Teammitgliedern. Lassen Sie beide Seiten zu Wort kommen und fordern Sie die Beteiligten auf, sich Lösungsmöglichkeiten zu überlegen. Kommen von den Kontrahenten keine akzeptablen Vorschläge, können Sie Vorschläge machen, die dann für beide Seiten verbindlich sind.

LEITEN – EIGENSCHAFTSKOMPLEXE UND FÜHRUNGSQUALITÄTEN

Bevor man weiß, wie zu leiten ist, sollte man wissen, was Leiten ist. Es ist schwierig, etwas gut zu machen, von dem man gar nicht weiß, was es eigentlich ist oder soll.
„Leiten" beschreibt eine bestimmte Funktion in einer Gruppe, mit der grundsätzlich Aufgaben verbunden sind wie:

- Organisation und Kontrolle
- Aufrechterhalten des Zusammenhalts in der Gruppe/im Team
- Steuerung und Zusammenarbeit mit anderen, z.B. Eltern.

Um diese Funktion wahrnehmen zu können, muß die Leiterin in der Lage sein, ihr Rollenverhalten den jeweiligen Bedürfnissen anzupassen und sich auf die Ansprüche des Teams und Einwirkungen von außen (z.B. Träger und Eltern) einzustellen. Wegen der Pluralität der erforderlichen Qualitäten ist es kaum möglich, ein allgemein gültiges „Leitungsprofil" für die Erzieherin als Vorgesetzte und Leiterin zu zeichnen. Dennoch gibt es einige Eigenschaftskomplexe, die bei leitenden Erzieherinnen besonders ausgeprägt sein sollten:

Organisation und Planung

Hierunter wird Ihre Fähigkeit verstanden, Ordnungskriterien Ihrer Vorgehensweise zu definieren und verschiedene Arbeitsabläufe aufeinander abzustimmen.
Legen Sie klare Ziele fest. Gehen Sie gegliedert vor und stimmen Sie verschiedene Arbeitsabläufe aufeinander ab. Das Setzen von Zwischen- bzw. Teilzielen erleichtert die Arbeit und gibt einen guten Überblick über das bisher Erreichte. Strukturieren Sie komplexe Sachverhalte und zeigen Sie die Beziehungen zwischen verschiedenen Ideen und Vorschlägen auf.

Entscheidungsverhalten

Dieser Begriff beschreibt die Bereitschaft, im Rahmen einer nur knapp vorgegebenen Zeitspanne zu einem Ergebnis zu kommen, das möglichst alle verfügbaren Informationen bewertet und integriert.

Informieren Sie umfassend, berücksichtigen Sie verschiedene Alternativen und schieben Sie nicht Entscheidungen auf oder auf andere ab.

Aufrichtigkeit

Seien Sie als Leiterin und Vorgesetzte aufrichtig in Ihren Bewertungen. Geben Sie nichts auf Gerüchte, sondern informieren Sie sich direkt bei den Betroffenen, bevor Sie ein Urteil oder eine Entscheidung treffen. Lassen Sie sich nicht aus der Fassung bringen. Wenn Sie sich unter Kontrolle haben, können Sie auch die anderen besser kontrollieren. Gehen Sie mit gutem Beispiel voran, und Ihre Mitarbeiterinnen werden zu Ihnen halten.

Akzeptanz als Vorgesetzte

Als „Vorgesetzte" eingesetzt zu werden, bedeutet noch nicht, daß man auch automatisch von den Mitarbeiterinnen bzw. vom Team akzeptiert wird. Mit Akzeptanz ist das Phänomen gemeint, von anderen Mitgliedern einer Gruppe (Team/Kollegin) als Leitfigur anerkannt zu werden.
Wenn Sie von allen Mitarbeiterinnen informiert und angesprochen werden, das Team Ihre Leitungsbeiträge positiv aufnimmt und über die fachliche Zusammenarbeit hinaus zu allen Kolleginnen ein positiver informeller Kontakt besteht, besitzen Sie volle Akzeptanz als Vorgesetzte.

Kooperationsbereitschaft

Nahezu alle modernen Leitungstheorien unterstreichen die Vorteile kooperativen Führens. Das setzt voraus, daß alle im Team hinreichend informiert und motiviert sind, um optimale Lösungen anzustreben.
Bringen Sie Ideen ein, stellen Sie Fragen zur Klärung von Vorgängen und versuchen Sie die Aktivitäten der Teammitglieder zu vereinigen. Kooperatives Leiten bedeutet auch: Ermutigung des Teams, Anerkennung und Lob aussprechen, Kompromißlösungen vorschlagen und negative Gefühle und Spannungen durch humorvolle, ruhige Art abbauen.

Überzeugungskraft

Unter Überzeugungskraft versteht man die Fähigkeit, andere von seinen Ideen, Zielen und Methodenvorschlägen so zu begeistern, daß diese inhaltlich übernommen werden. Dazu gehört auch die Fähigkeit, sich in Gesprächen wirkungsvoll einzusetzen.

Durchsetzungsvermögen

Gemeint ist das Talent, sein Ziel nicht aus den Augen zu verlieren, sich anzustrengen und den eigenen Standpunkt durchzusetzen. Vertreten Sie offen Ihre Meinung und lassen Sie Ihren Weg klar und deutlich erkennen.

Einfühlungsvermögen

Das Einfühlungsvermögen beschreibt die Fähigkeit, sich in Problemsituationen anderer einzuordnen, Gefühle anderer zu erkennen und die eigene Wirkung auf andere einzuschätzen. Berücksichtigen Sie bei Ihren Zielsetzungen die Interessenlage und Gefühle anderer und versuchen Sie die Wirkung auf andere realistisch einzuschätzen.

Analysevermögen

Die Grundfähigkeit erzieherischen Handelns hilft Ihnen, Gemeinsamkeiten zwischen mehreren Sachverhalten zu erkennen und wichtige Aspekte eines Problems zu erfassen, um danach eine Lösungsstrategie zu entwickeln.

Kommunikationsbereitschaft

Nutzen Sie immer die Möglichkeit zum Dialog. Halten Sie Ihre Tür für Gespräche offen. Nur dadurch erfahren Sie, was wirklich geschieht. Halten Sie regelmäßig Teambesprechungen ab, in denen Sie besondere Arbeitsergebnisse und Leistungen hervorheben können. Lassen Sie Ihre Kolleginnen aussprechen und seien Sie eine gute Zuhörerin.

Ausdauer

Beharrlichkeit und Ausdauer haben auch immer mit positivem Engagement zu tun. Wenn Sie Ausdauer zeigen, widmen Sie sich intensiv und mit Nachdruck der Lösung eines gegebenen Problems. Negativ wird es nur, wenn Sie sich an einer Problemlösung festbeißen und dann den Blick für anderes verlieren.

Streßresistenz

Die heutige Arbeit der Erzieherin ist nicht einfacher, sondern wesentlich komplexer geworden. Wenn zu den von ihr betreuten schwierigen Kindern oder Jugendlichen auch noch Probleme im Team hinzukommen, kann sich das in Spannung, Hektik und „nervösen“ Reaktionen äußern. Streßresistenz beschreibt die Eigenschaft einer Erzieherin, auch in länger anhaltenden belastenden Situationen eher sachlich statt emotional zu reagieren und Arbeitsabläufe in Ruhe und konstant durchzuziehen.

Kontaktbereitschaft

Unter Kontaktbereitschaft wird allgemein die Fähigkeit verstanden, auf andere von sich aus aktiv zuzugehen und Ziele, Absichten und Methoden seines Verhaltens offenzulegen.
Geben Sie sich gesprächig und mitteilsam, zeigen Sie in sozialen Situationen sicheres Auftreten und Gespür und bedienen Sie sich auch sogenannter „informeller Kontakte“, die im geselligen Gespräch außerhalb von festumrissenen Teambesprechungen stattfinden können.

Leistungsmotivation

Leistungsmotivation beschreibt die von „innen“ kommende Fähigkeit, sich für seine Arbeit zu begeistern, ohne durch äußere Anreizsysteme zu dieser Leistungsbereitschaft angetrieben zu werden. Da Sie höchstwahrscheinlich niemand zum Erzieherberuf gezwungen hat, war die Motivation, diesen Beruf zu ergreifen, also auch bei Ihnen intrinsisch bedingt.
Eine hohe Ausprägung von Leistungsmotivation liegt vor, wenn Sie in Arbeits- und Problemsituationen die Initiative ergreifen, Ihr Interesse auf Arbeitsergebnisse ausrichten, kleine Leistungsziele im Rahmen der jeweiligen Problemsituation setzen und eine Sache durch eigene Aktivität voranbringen. Da Sie als Vorgesetzte auch um die besondere Bedeutung der Mitarbeitermotivation wissen, werden Sie

sicherlich die Leistungen der Kolleginnen immer wieder anerkennen. Die „Streicheleinheiten“ sind gut für die Psychohygiene, sofern Ihr ehrlich gemeintes Lob sich nicht reduziert auf eine kurze „Weiter-so“- oder „Gut-gemacht“-Parole. Besser ist eine klare Aussage wie: „Ich finde, Sie haben die Aufgabe sehr gut gelöst, weil...“. Durch ein qualifiziertes Lob nehmen Sie einen Erwachsenen ernst und wecken nicht bei ihm das Gefühl, wie ein braves Kind für die erledigten Hausaufgaben gelobt zu werden.

Kreativität

Zu Beginn der Erzieherausbildung weise ich meine Studierenden immer wieder darauf hin, wie wichtig kreatives Denken und Handeln für die zu betreuenden Klienten wie für das eigene Wohlbefinden sind. Kreativität bedeutet in erster Linie die Eigenschaft, neue Ideen zu erzeugen, zu verschiedenen Problemen unterschiedliche Alternativen zu entwickeln und Dinge innovativ und experimentierfreudig anzugehen.
Zeigen Sie sich phantasievoll und unkonventionell, äußern Sie Ideen (es dürfen auch mal recht verrückte sein), suchen Sie nach neuen Wegen und Methoden, dann geraten Sie nicht in die Gefahr, durch Alltagsroutine abzustumpfen oder vielleicht sogar neue Entwicklungen zu blockieren. Kreative Erzieherinnen können sich besonders gut den Veränderungen und sozialen Wandlungen im Berufsalltag anpassen. Und in der Rolle der kreativen Vorgesetzten trägt sie entscheidend dazu bei, daß sich ihre Mitarbeiterinnen bei ihr wohl fühlen, weil sie in der Regel auch eine sehr offenes Ohr für deren Ideen und Vorschläge hat.

Emotionale Stabilität

Daß Vorgesetzte nicht automatisch emotional stabil sind, ist bekannt. Vorgesetzte, die in Problemsituationen eher angespannt und unruhig sind, lassen sich in Konfliktsituationen stark von Gefühlen leiten und zeigen Tendenzen zu Deprimiertheit. Dabei ist emotionale Stabilität eine Eigenschaft, auf die in Leitungspositionen nicht verzichtet werden kann. Gemeint ist die Fähigkeit, auch bei Rückschlägen nicht aufzugeben und sich eher von Fakten und Sachverhalten leiten zu lassen als von emotionalen Einflüssen.

Bemühen Sie sich, auch in schwierigen Situationen beherrscht und ausgeglichen zu reagieren. Sie wissen, daß man die Größe eines Menschen daran messen kann, was ihn wütend macht. Gehen Sie möglichst unvoreingenommen an Probleme heran und lassen Sie sich nicht so leicht aus der Ruhe bringen.

Was eine „brauchbare“ Vorgesetzte auszeichnet

Seit langem ist bekannt, daß Arbeitsplätze krank machen können. Als Vorgesetzte haben Sie die Möglichkeit und den Einfluß, in Ihrer Einrichtung etwas für die körperlich-seelische Gesundheit Ihres Teams zu tun. Da Sie eine gute Leiterin sind, werden Sie zunächst versuchen, sich selbst und Ihrer Stellung nicht zu schaden, sondern eher zu nützen, und Sie werden Ihren Mitarbeitern dienlich sein. Einmal aus Respekt vor deren Bestrebungen, die meist nicht anders geartet sind als Ihre eigenen; zum anderen, um sich deren uneingeschränkte Mitarbeit und Loyalität zu versichern. Dabei hilft Ihnen die Fähigkeit, das Ziel des Teams, wie klein oder groß es immer sein mag, zu definieren. Da Sie über fundierte psychologische Kenntnisse verfügen, wissen Sie, daß große Motive große Energien freisetzen, während von kleinen Motiven keine Energie ausgeht. Die größten Energien werden durch Ego-schmeichelnde Motive freigesetzt. Um dies zu erreichen, werden Sie Ihre Mitarbeiterinnen motivieren und deren Bedürfnisse nach Anerkennung, positiver Kritik und Beseitigung von Störungen im Team befriedigen.
Eine „brauchbare“ Vorgesetzte wird

- ihre Mitarbeiterinnen so behandeln, wie sie selbst gerne behandelt werden möchte,
- auf Sachlichkeit achten,
- gut zuhören,
- Mitarbeiterinnen soviel Verantwortung übertragen, wie sie verkraften können,
- Kommunikation fördern,
- Arbeitsbeschreibungen und Anweisungen klar und eindeutig formulieren,

- sich für gute geleistete Arbeit bedanken,
- ein freundliches Gesicht und Humor zeigen,
- Menschen in die Lage versetzen, Änderungen positiv zu akzeptieren,
- überflüssigen Bürokratismus vermeiden,
- grundsätzlich keine Verantwortung übertragen, ohne auch die Mittel und Rechte einzuräumen, dieser Verantwortung zu entsprechen,
- demokratische Entscheidungsstrukturen schaffen,
- das Team auch in die Lage versetzen, eigenverantwortlich zu arbeiten und nicht jeden Schritt zu kontrollieren,
- Selbständigkeit fördern
- bedacht und umsichtig Kritik üben,
- im Team ein Klima schaffen, in dem sich die einzelnen trauen, um Unterstützung und Hilfe nachzufragen,
- auf Unstimmigkeiten im Team eingehen,
- das Auftreten von Problemen im voraus abschätzen können,
- Mitarbeiterinnen zu konstruktiver Kritik ermuntern,
- nicht nachtragend sein,
- keine Sticheleien gegen Kolleginnen tolerieren,
- die Talente und Fähigkeiten der einzelnen Teammitglieder richtig nutzen und einsetzen,
- gut vorausplanen und hektisches Vorgehen vermeiden,
- den Kolleginnen die Sicherheit geben, daß ein echtes Interesse an ihnen besteht,
- im Team ein „gutes Gefühl“ mobilisieren, sich immer wieder neuen Herausforderungen zu stellen und aus der Arbeit heraus Sinn für’s eigene Leben zu geben.

Eine der wichtigsten Eigenschaften für Sie als Vorgesetzte ist sicher die Fähigkeit, andere Menschen zu beeinflussen, also zu lenken, zu leiten und zu motivieren. Dazu benötigen Sie auch Eigenschaften wie Kontaktfähigkeit, persönliche Ausstrahlung, diplomatisches Geschick, Geduld, Integrität und Charakterfestigkeit. Seine Mitarbeiterinnen erfolgreicher zu führen bedeutet heute, seine Mitarbeiterinnen erfolgreicher zu machen und nicht zu dominieren oder gar auszunutzen. Eine Mitarbeiterin, die erfolgreich ist, blüht auf, weil sie Erfolgserlebnisse hat, während eine Mitarbeiterin, die nicht erfolgreich ist, sich ausgenutzt fühlt und sich selbst demotiviert oder vielleicht zur permanenten Nörglerin wird.
Mir sind viele Erzieherinnen bekannt, die es in ihrer Funktion als Leiterin immer wieder verstehen, ihr Team für neue Ziele und Vorhaben zu begeistern. Sie wissen, daß ohne großes Ziel keine Motivation entsteht. Um Kolleginnen zu begeistern, müssen Sie zunächst an sich selbst und Ihre Ziele glauben. Erst dann können Sie diese Haltung auch in anderen erzeugen. Begeisterung regt zum Handeln an, hilft Ihnen Ihre Ziele zu erreichen und verzichtet auf Anordnungen und Zwang. Wenn es Ihnen gelingt, Ihre Mitarbeiterinnen zu begeistern, werden Sie diese beeinflussen, ohne sie zu dominieren, Begeisterung wirkt anziehend, erweckt Zuversicht und wirkt sich durch die positive Wirkung auf Ihr Team wiederum motivierend auf Sie als Motivatorin aus.

Das Wechselspiel zwischenmenschlicher Beziehungen: Kommunikation

Als Erzieherin wissen Sie um die zentrale Bedeutung der Kommunikation. Sprache und Körpersprache befähigen Sie, mit anderen Menschen in Kontakt zu treten, sich mitzuteilen und andere zu verstehen. Die Art und Weise, wie Sie dabei vorgehen, entscheidet maßgeblich über den Erfolg Ihrer zwischenmenschlichen Beziehungen im Berufsalltag. Im Wechselspiel mit Ihren Kolleginnen kommt es zum Austausch von Informationen, die auch Beziehungen untereinander herstellen. Dieser Austausch umfaßt alle menschlichen Bereiche, sowohl die rationalen als auch die emotionalen, wie Wünsche und Hoffnungen. Als Leiterin und Vorgesetzte koordinieren und organisieren Sie die Arbeit in Ihrer Einrichtung. Um Ihre Mitarbeiterinnen

langfristig beeinflussen zu können, werden Sie auf eine gleichberechtigte harmonische Kommunikation achten. Auf Dauer gesehen erweist sie sich meist wichtiger als das Einsetzen aufwendiger Motivationsstrategien.
Die Beeinflussung durch Kommunikation findet in verschiedenen Stufen statt:

1. Stufe: Sie schließen andere auf, stellen durch Gesprächsbereitschaft und Sympathie Kontakt und Aufmerksamkeit her.
2. Stufe: Sie wecken Interesse, vertiefen und binden Ihre Mitarbeiterinnen an sich, indem Sie z.B. Vorteile aufzeigen, die in bestimmten Arbeitsformen („Teamgedanke“) stecken.
3. Stufe: Sie überzeugen durch logische Argumente und sachliche Begründungen.
4. Stufe: Sie beeinflussen durch Motivation, Lebendigkeit und Überzeugungskraft.
5. Stufe: Sie gewinnen durch glaubwürdiges Handeln und Festigkeit langfristig das Vertrauen Ihrer Kolleginnen.

Sprechen Sie mit Ihren Mitarbeiterinnen nur auf eine Weise, wie diese auch mit Ihnen sprechen könnten. Typische Redewendungen wie: „An Ihrer Stelle würde ich...“, „Aber Sie wissen doch...“ oder „Versuchen Sie doch mal...“ haben immer etwas Bevormundendes, Belehrendes und Herablassendes, was man vermeiden sollte.
Diese Kommunikation verläuft eindeutig von oben nach unten und keineswegs auf gleicher Ebene. Die meisten Menschen reagieren hier sehr sensibel, und es spielt keine Rolle, ob ein solches Verhalten von Ihnen beabsichtigt oder nicht so gemeint war. Es kann auch nicht oft genug betont werden, daß konstruktive Zusammenarbeit von der Vorgesetzten nicht nur die Fähigkeit verlangt, klare und verständliche Anweisungen zu geben, sondern auch die Fähigkeit, aufmerksam auf das zu hören, was ihr die Mitarbeiterinnen mitteilen. Je größer die von Ihnen geleitete Einrichtung ist, um so mehr sollten Sie darauf bedacht sein, möglichst viele Informationen von Ihren Mitarbeiterinnen zu erhalten. Wer als Vorgesetzte Information als Herrschaftsinstrument betrachtet, leitet dadurch die Mitarbeiterinnen an, gleiches zu tun.

Versuchen Sie, den Entscheidungs- und Verantwortungspielraum Ihrer einzelnen Teammitglieder möglichst groß und in der Tendenz wachsend zu halten. Das führt zu selbständigem Denken, erhöht das Selbstwertgefühl der Kolleginnen und motiviert sie so für weitere Tätigkeiten.

GESPRÄCHE ORGANISIEREN, LENKEN UND FÖRDERN

Als Vorgesetzte sind Sie auch Organisatorin und Leiterin von Gruppengesprächen, Mitarbeiterbesprechungen und Konferenzen. Neben der Koordination und Klärung von Tagesereignissen, gilt es auf Dienstbesprechungen auch Entscheidungen zu fällen und Beschlüsse zu fassen. Je nach Art und Aufgabenstellung des jeweiligen sozialpädagogischen Arbeitsfeldes werden die Gespräche mit unterschiedlicher Häufigkeit stattfinden. Für Berufsanfängerinnen ist es wichtig, ihnen diese Gespräche als etwas völlig Normales darzustellen. Anfängliche hemmende Ängste werden so abgebaut oder vermieden.
Aufgrund Ihrer Ausbildung sind Sie mit Fragen der Gesprächsführung und Diskussionsleitung vertraut, so daß an dieser Stelle auf dieses Thema nicht weiter eingegangen wird. Bedenken Sie jedoch, daß Vorgesetzte, die ihre Meinung bereits zu Beginn einer Besprechung oder Konferenz mitteilen, damit gleichzeitig die Richtung des Gesprächs festlegen. Ein echtes Gespräch bzw. eine Diskussion wird dadurch erschwert, weil sich manche Mitarbeiterinnen – insbesondere Praktikantinnen – scheuen, aus naheliegenden Gründen ihrer Vorgesetzten zu widersprechen. Geht es nicht nur um formale Dinge, sondern um ein kreatives Gespräch, ist es vorteilhaft, wenn Sie sich als Vorgesetzte mit der eigenen Meinung zunächst zurückhalten. So können Sie Ihre eigenen Ansichten überprüfen und gegebenenfalls abändern.
Sie lenken Teambesprechungen fair, wenn Sie

- die Ausgangslage klar benennen (Worum geht es?),
- Vorschläge zum Vorgehen machen (Wer beginnt? Protokoll ja/nein?)
- Vorschläge zum Inhalt erbitten,

- bei Äußerungen nachfragen und Verständnis herstellen,
- sich informieren und selbst Informationen geben,
- Äußerungen zusammenfassen und Schlußfolgerungen daraus ziehen,
- Entscheidungen herbeiführen und gemeinsam eventuelle Maßnahmen bzw. Strategien verbindlich festlegen.

Von Ihrer Gesprächsleitung hängt das Klima im Team entscheidend ab. Hören Sie sich Einwände und Forderungen ruhig an, ohne zu unterbrechen. Bei kontrovers geführten Gesprächen kann sich Ihr Gegenüber abreagieren, sich selbst beruhigen und Sie gewinnen Zeit, sich eine passende Antwort zu überlegen. Aktives Zuhören sensibilisiert Sie zudem für mögliche Mißverständnisse, die Sie aus dem Weg räumen können. Sobald Behauptungen aufgestellt werden, verlangen Sie Beweise und fordern Sie den anderen zur Präzision auf. Werden Ihnen Widersprüche nachgewiesen, so halten Sie eine Unterscheidung bereit: in der Hinsicht ja, in der Hinsicht nein. Wägen Sie ab, inwieweit es wichtig ist, in bestimmten Situationen Kompromißbereitschaft zu zeigen. Sie können an ein Zugeständnis auch eine Bedingung knüpfen: „Ich bin einverstanden, wenn...“. Vermeiden Sie unter allen Umständen Starrheit und Rechthaberei; erst recht, wenn Sie mit Menschen über längere Zeit oder dauerhaft Kontakt haben wollen oder müssen.
Jede Art länger dauernder sozialer Beziehungen beeinflußt die Persönlichkeitsmerkmale der Partner. Als Vorgesetzte beeinflussen Sie auch die Persönlichkeit und Verhaltensweisen Ihrer Mitarbeiterinnen. Prüfen Sie deshalb immer wieder einmal Ihr eigenes Kommunikationsverhalten, ob es Ihren Vorstellungen vom Verhalten der Mitarbeiterinnen entspricht.

BEURTEILUNGSGESPRÄCHE – UNBELIEBT ABER NOTWENDIG

Das Thema „Praktikanten- bzw. Mitarbeiter-Beurteilung“ erfreut sich in sozialpädagogischen Einrichtungen keiner besonderen Beliebtheit. Über die Ursachen ließe sich ein eigenes Buch schreiben. Einer der Gründe, warum sich sowohl Beurteilende (z.B. in der Rolle

der Anleiterin) als auch Beurteilte dabei nicht sehr wohl fühlen, besteht wohl darin, daß die Beurteilung immer noch als administrative Maßnahme mißverstanden und nicht vor allem als ein Instrument der Förderung verstanden wird. An der Situation der Betroffenen ändert sich dadurch wenig. Sie müssen ein Gespräch führen, bei dem gelegentlich beide Seiten froh sind, wenn es vorbei ist. Dabei ist das Beurteilungsgespräch eine der ganz wenigen klassischen Möglichkeiten, sich besser kennenzulernen, den Kontakt zu verbessern, gegenseitige Erwartungen zu überprüfen und zu gemeinsamen Zielsetzungen zu gelangen.
Damit dieser gewünschte Effekt zumindest teilweise eintritt, lohnt es sich, für die Beurteilenden wie für die Beurteilten, sich einige der folgenden Denkanstöße und Anregungen durch den Kopf gehen zu lassen:

Denkanstöße für Beurteilende

- Was beurteilen Sie, auch in Abhängigkeit zu einem vorhandenen Beurteilungsbogen (z.B. für Praktikantinnen), tatsächlich? Neuere Beurteilungssysteme haben das Ziel, die Beurteilung so weit wie möglich zu objektivieren. Da neben der Leistung und Aufgabenerfüllung in sozialpädagogischen Berufen auch die Persönlichkeit der Mitarbeiterin von entscheidender Bedeutung ist, wird es eine völlig objektive Beurteilung nie geben. Für Sie als beurteilende Vorgesetzte oder Anleiterin ergeben sich natürlich menschliche Fragen:
- Wie stark beeinflußt die Persönlichkeit der Mitarbeiterin meine Beurteilung ihrer Leistung?
- Wie begründet ist meine Beurteilung? Basiert sie vor allem auf isolierten Eindrücken oder auf einer kontinuierlichen Beobachtung über den ganzen Beurteilungszeitraum (z.B. das gesamte Praktikum) hinweg? Hintergrund dieser Frage ist der alte Beobachtungsfehler, daß einmalige Fehler verallgemeinert werden, oder daß Beurteilungen aufgrund des Eindrucks zustande kommen, den die Mitarbeiterin während der letzten zwei Wochen vor der Beurteilung auf die Beurteilende gemacht hat.

- Sie werden sich auch fragen müssen, inwieweit Sie einer persönlichkeitsbedingten Beurteilungstendenz unterliegen. Gemeint ist damit, daß zwei unterschiedliche Beurteiler ein und dieselbe Leistung sehr unterschiedlich bewerten können, zumal es selbst bei angestrebten gleichen Beurteilungskriterien strenge, milde und solche Beurteilerinnen gibt, die sich nicht festlegen wollen. Die strenge Anleiterin z.B. sieht die Leistungen ihrer Praktikantin vorrangig durch die Brille ihres kritischen Ich. Gute Leistungen werden als Mittelmaß bewertet und sehr gute Leistungen gibt es gar nicht. Die milde Beurteilerin, sofern sie nicht aus taktischen Erwägungen großzügig ist, kommt vor allem aus dem unterstützenden Ich. Typisch für die sich nicht festlegen wollende Beurteilende ist die Tendenz der Mitte. Sie will es sich mit niemandem verderben, will aber auch nicht das Risiko eingehen, daß jemand aufgrund einer sehr guten Bewertung „übermütig“ wird und womöglich Forderungen stellt. Ihre Beurteilungen sind wenig aussagekräftig und sind eher ein Betrug an der Praktikantin und an sich selbst.
- Für die Beurteilung wird auch eine Rolle spielen, in welcher Verfassung sich die Praktikantin befindet, wenn sie zum Beurteilungsgespräch kommt, und an dem vielleicht auch noch die betreuende Lehrkraft der Ausbildungsschule teilnimmt.
- Welche Zielsetzungen ergeben sich daraus für die Gesprächsführung?
- Wenn Sie bei der Praktikantin eine Änderung bewirken wollen, dann müssen Sie ihr dafür eine Plattform schaffen und die Chance einräumen, ihre Sicht (der kritisierten) Dinge darzustellen.
- Haben Sie sich Gedanken darüber gemacht, wie konkret Sie Ihre Kritik begründen können und wie die Praktikantin ihre Leistungen und ihr Verhalten kurz- bzw. langfristig zum Besseren ändern kann?

Jede Praktikantin muß sich am Ende ihres Praktikums der Beurteilung stellen. Diese bezieht sich auf konkrete Lernziele des Ausbildungsplanes, auf die Kompetenzerweiterung der Praktikantin und die von ihr vollzogenen Lernschritte und erfolgreich bewältigten Aufgaben. Problematisch wird es immer dann, wenn es um die

Beurteilung eines nicht bestandenen Praktikums geht. Bitte stolpern Sie als beurteilende Anleiterin nicht in die Mitleidsfalle, sondern stellen Sie sich ehrlich dieser sicher nicht einfachen Situation. Man muß auch zur Kenntnis nehmen, daß nicht jeder für den Beruf der Erzieherin bzw. des Erziehers geeignet ist. Wie im Lehrer-, Sozialpädagogik- und Psychologiestudium finden sich auch in der Erzieherausbildung immer wieder neurotisch und psychisch gestörte Menschen. Einige von ihnen haben große Kommunikations- und Interaktionsprobleme. Werden diese schwachen und für den Erzieherberuf eigentlich ungeeigneten Kräfte eingestellt, werden sie zum Dauerproblem für die zu betreuenden Kinder und alle anderen, die beruflich mit ihnen zu tun haben. Aus Ihrer pädagogischen Verantwortung heraus und im Interesse aller zu betreuenden Kinder sollten Sie grundsätzlich offene Rückmeldungen geben.

Denkanstöße für Beurteilte

- Wie gut kennen Sie als Praktikantin die Kriterien, nach denen Ihre Leistungen beurteilt werden? Ist Ihnen der verwendete Beurteilungsbogen (z.B. Ihrer Ausbildungsstätte/Fachschule) bekannt?
- In welchem Ich-Zustand sind Sie normalerweise vor einem Beurteilungsgespräch? Was bedeutet das möglicherweise für Ihr Verhalten im Gespräch?
- Wie verhalten Sie sich, wenn sich die Beurteilende anerkennend über Ihre Leistung ausspricht? Sind Sie peinlich berührt, wenn man Sie lobt und anerkennt (Bescheidenheitsfalle)?
- Wie verhalten Sie sich, wenn die Beurteilende sich kritisch über Ihre Leistungen ausspricht?
- Wenn die Kritik eher pauschal als differenziert ausfällt, sollten Sie nachfragen.
- Was unternimmt Ihre Beurteilende, um Ihnen eine Verbesserung in den kritisierten Bereichen zu ermöglichen? Kritisiert sie konstruktiv, gibt Sie Ihnen Denkimpulse?
- Überlegen Sie auch, welche Fragen Sie Ihrer Beurteilenden stellen sollten, wenn sie von sich aus über das „Wie“ der Leistungsverbesserung nichts sagt.

Beobachtungskriterien und Beobachtungsmerkmale

Am Ende eines Praktikums werden in der Regel in einem Abschlußgespräch zwischen der Praktikantin, der Anleiterin und der betreuenden Lehrkraft die Leistungen beurteilt. Dabei wird das Verhalten der Praktikantin gegenüber Kindern und Jugendlichen, ihre Fachkompetenz, das selbständige Handeln und ihre Teamfähigkeit beurteilt.
Um die Beurteilungskriterien für die Praktikantin transparent zu machen, ist es notwendig, daß sie nicht nur die „Beobachtungsmerkmale" kennt, sondern auch weiß, welche Definition bzw. Überlegungen dahinter stecken. So ist zwischen ihr und der beurteilenden Anleiterin klar, nach welchen Merkmalen ihre Leistungen beobachtet werden.
Die folgende Liste versteht sich – ohne Anspruch auf Vollständigkeit – als kleiner Denkanstoß.

Beurteilungsmerkmal	Definition/Erläuterung
Arbeitsinteresse	...die Arbeit nicht nur als „Job", sondern als Aufgabe verstehen
Arbeitsplanung	...gedankliche Vorausschau der zukünftigen Arbeit und Bereitstellung der benötigten Mittel
Arbeitstempo	...der zur Bewältigung von Arbeiten benötigte Zeitaufwand
Ausdauer	...angefangene Arbeiten auch bei auftretenden Schwierigkeiten zu Ende bringen
Körperliche Belastbarkeit	...auch bei erhöhtem Arbeitsdruck zeigen sich keine Ermüdungserscheinungen
Geistige Belastbarkeit	...durch äußere Umstände nicht aus dem Gleichgewicht geraten
Beweglichkeit	...sich auf neue Situationen und Aufgaben einstellen

Fachkompentenz	...Fachwissen auf zu lösende Aufgaben umsetzen
Fleiß	...kontinuierliches Erledigen von Aufgaben „ohne Druck" von oben
Initiative	...aus eigenem Antrieb tätig werden
Lernwille	...sich intensiv mit einer Sache beschäftigen, sich weiterbilden
Ordnungssinn	...visueller Zustand, in dem sich Arbeitsplatz (z.B. Gruppenraum) und Materialien befinden
Organisationsgeschick	...Aufgaben, Materialien und benötigte Zeit beschaffen, zur Verfügung halten und bestmöglich verwenden
Pünktlichkeit	...vereinbarte Termine einhalten
Selbständigkeit	...nach Anleitung ohne Rückfragen tätig werden
Verantwortungsbereitschaft	...Konsequenzen für eigene Handlungen und Fehler tragen
Zielstrebigkeit	...Aufgaben konsequent zur Lösung führen und dabei nicht die Lösungsmöglichkeiten aus den Augen verlieren
Zuverlässigkeit	...Zusagen erfüllen
Aufgeschlossenheit	...aktive Teilnahme am Geschehen in der Einrichtung
Ausgeglichenheit	...persönlichen Ärger/seelische Schwankungen nicht an Kindern und Kolleginnen auslassen
Dominanzstreben	...andere übertreffen wollen
Durchsetzungsvermögen	...seiner Meinung Geltung verschaffen, andere zu Handlungen bewegen

Empfindlichkeit	...übersteigerte Sensibilität in Bezug auf das eigene Selbstwertgefühl und auf Fremdkritik
Hilfsbereitschaft	...anderen unter Zurückstellung eigener Interessen helfen
Teamfähigkeit	...mit anderen kooperativ zusammenarbeiten und eine Aufgabe gemeinsam lösen
Auffassungsgabe	...Sachverhalte und Zusammenhänge (auch schwierige) in vertretbarer Zeit geistig aufnehmen können
Kreativität	...neue originelle Lösungen liefern
Selbstbewußtsein und Sicherheit	...sich seines Wertes bewußt und das Gefühl vermitteln, der Situation gewachsen zu sein

Um am Ende zu einer Gesamtbeurteilung der Praktikantin zu kommen, muß sich die beurteilende Anleiterin genügend Zeit genommen haben, um ihre Bewertungen fundiert belegen zu können.
Kritik zu üben, gehört nicht gerade zu den angenehmen aber notwendigen Aufgaben der Vorgesetzten. Sie muß sich, wenn sie menschenführende Verantwortung übernimmt, mit dem Wesen von Kritik und Korrektur beschäftigen. Kritik als notwendiges Element methodischer Mitarbeiterführung sollte so angelegt werden, daß das korrigierte Verhalten mit einem Erfolgsgefühl verbunden sein kann.
Einige Grundsätze für wirksame Kritik:

- Durch Bestätigung und gezielte Anerkennung der Arbeitsleistung und des Sozialverhaltens einer Mitarbeiterin stärkt die Vorgesetzte deren Selbstbewußtsein.
- Die selbstbewußte Mitarbeiterin kann Fehler zugeben und Kritik sachlich verarbeiten. Vor allem ist sie selbst in der Lage, gegebenenfalls aktiv Kritik aussprechen zu können.

- Fehler einer Mitarbeiterin – auch einer Praktikantin – sind nur dann in Gegenwart anderer zu kritisieren, wenn ein wirklich kooperativer teamorientierter Führungsstil die Regel ist.
- Dies gilt auch, wenn sich die Kritik auf das Verhalten der ganzen Gruppe bezieht.
- Ansonsten wird Kritik nur unter vier Augen geübt.

Stress – Wenn's im Kopf schwirrt

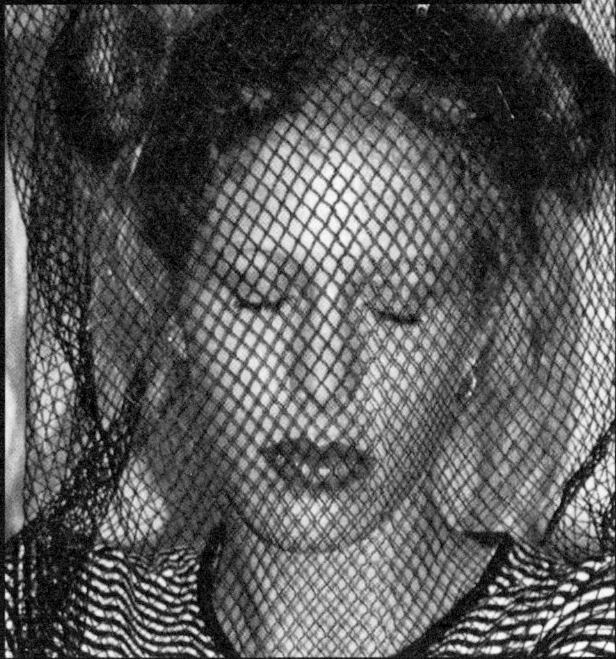

Im Berufsalltag kann die Arbeitsplatzsituation der Erzieherin oft „streßig" sein. Das betrifft nicht nur die Arbeitsbelastung, sondern auch die zwischenmenschlichen Bedingungen am Arbeitsplatz. Eine schwierige Vorgesetzte und eine unverträgliche Kollegin können den Berufsalltag zum Dauerstreß werden lassen. Es werden zwei Arten von Streß unterschieden: Der „Eustreß" und der „Distreß". Jeder von uns braucht eine bestimmte Menge an Streß, um gesund zu bleiben. Dieser positive bzw. nützliche Streß, der für Wohlbefinden und Leistungsbereitschaft notwendig ist, heißt „Eustreß". Mit ihm sind auch angenehme Empfindungen verbunden. Dazu gehören auch die unzähligen kleinen Anstrengungen im Alltag, die nicht belasten, sondern den Körper geradezu in Schwung halten und dem Tag einen Sinn geben. Ständige Unterforderung, also eine „Eustreß"-Losigkeit, würde langfristig genauso krank machen wie permanente Überforderung.

Das Gegenteil von „nützlichem Streß" ist „Distreß", der negative, schädliche, krank machende Streß. Negativer Streß bzw. die Belastungen, die ihn hervorrufen, werden sich nicht dauerhaft beseitigen lassen. Jedoch ist es möglich, durch richtiges Verhalten mit Belastungen besser umzugehen. Heute weiß man, daß Charaktereigenschaften, Anpassungsfähigkeit, Motivation, Belastbarkeit, Flexibilität, eine positive oder negative Lebenseinstellung ebenso wie Psyche und genetische Eigenschaften gemeinsam bestimmen, wieviel Streß ein einzelner verträgt, bevor er gesundheitlichen Schaden nimmt.

Schwirren Ihnen seit längerem Gedanken wie diese durch den Kopf? „Ich fühle mich pausenlos unter Termindruck. – Manchmal weiß ich gar nicht, wo ich zuerst anfangen soll. – Es fällt mir am Abend und am Wochenende schwer, richtig abzuschalten. – Oft denke ich: Das schaffst du nie. – Ich mag gar nicht daran denken, was noch alles auf mich wartet und was ich noch alles erledigen soll. – Ich gehe auch in meine Einrichtung, wenn ich krank bin. – Ich reagiere schnell gereizt, wenn jemand im Team Fehler macht oder etwas umständlich erklärt. – Ohne mich läuft im Team nichts richtig. – Am liebsten würde ich drei Sachen auf einmal machen. – Bei mir im Team kommt es immer wieder zu Konflikten."

Treffen mehrere dieser Aussagen auf Ihre persönliche Situation zu, dann sind Sie streßgefährdet. Kommen noch weitere Signale hinzu, wie z.B. Müdigkeit, Vergeßlichkeit, Gefühlsschwankungen, Unsicherheit. leichte Reizbarkeit, häufiger auftretende Kopfschmerzen, Aggressivität und ein Gefühl des Ausgebranntseins, dann sollten Sie Ihre private und berufliche Lebensgestaltung gründlich überdenken und verändern. Richtig krank werden Sie nämlich dann, wenn der Umfang an Belastungen (im Beruf, persönliche Probleme, eine Lebenskrise) die Oberhand gewinnt, also zum Dauerstreß wird und Erholungsphasen nicht mehr gewährleistet sind.

Die bei Streß freigesetzten Streßhormone Adrenalin und Noradrenalin bewirken eine vermehrte Ausschüttung von Cortisol und Cortison. In der Medizin ist seit langem bekannt, daß Streß das Immunsystem schwächt, mit der Folge, daß Betroffene z.B. anfälliger für Erkältungskrankheiten sind, aber auch für Virusinfektionen (Herpesbläschen) oder eine streßbedingte Gürtelrose. Es ist auch nicht verwunderlich, daß Streßgeplagte häufig mit Magen-Darm-Beschwerden, Schlafstörungen, Kopfschmerzen, Herz- und Kreislaufbeschwerden, Bluthochdruck und Rückenschmerzen die Ärzte aufsuchen.

DAS „BURNOUT-SYNDROM"

Der Zustand, in dem gar nichts mehr geht, wird als „Burnout-Syndrom" bezeichnet. Die betroffene Person fühlt sich vollkommen ausgebrannt. Frustration, Ernüchterung, Stagnation, Lustlosigkeit, vermehrtes Desinteresse und Aussteigergedanken häufen sich. Kommen noch permanente Unsicherheit, Existenzangst und Hoffnungslosigkeit hinzu, verweigern sich Seele und Körper. Burnout bedeutet emotionale Erschöpfung und verringerte Leistung. Es ist noch nicht genau geklärt, wie Burnout entsteht. Neben einer Reihe möglicher „Ereignisketten" erscheinen zwei recht einleuchtend:

1. Ein Kontrollmangel über den eigenen Beruf bzw. Ereignisse der Arbeit führt zu chronischem Streß. Dieser Kontrollmangel ist charakteristisch für sozial- und schulpädagogische Berufe, bei denen auf andere Menschen reagiert werden muß. Die mögliche Folge können negative Selbsteinschätzung und emotionale Leere sein. Halten diese Gegebenheiten über längere Zeit an, kommt es zu affektiven Veränderungen.

2. Ebenso nachvollziehbar ist eine andere Erklärung, nach der eine fehlende Berufskontrolle zu Hilflosigkeit führt („Hilflose Helfer" bzw. „Helfersyndrom"). Dies schlägt sich in negativen Selbsteinschätzungen, gesteigerten dysphorischen Stimmungen und verringerter Arbeitsmotivation nieder. Daraus entsteht „Burnout" mit seinem Mangel an emotionalen Energien, die notwendig sind, um die Arbeit mit anderen Menschen bedürfnisorientiert leisten zu können. Bestimmte Persönlichkeitsmerkmale, Spannungen im Team, Unklarheit über die beruflichen Aufgaben und fehlende menschliche Unterstützung durch die Vorgesetzten beeinflussen das Burnout-Syndrom entsprechend und erhalten es aufrecht.

SELBSTGEMACHTER STRESS

Nicht zuletzt soll auch der selbstgemachte Streß erwähnt werden, die Frage, auf was Sie wie reagieren, ist ausschlaggebend auf Ihr persönliches Wohlbefinden. Ihre eigenen Gedanken und Einstellungen im Alltag beeinflussen Ihre Anspannung. Richtige Entspannung bedeutet auch eine Veränderung Ihrer Einstellungen. Es gilt, Abstand zu nehmen von den Erwartungen an andere und zu überprüfen, wieweit Sie Ihre eigenen Denkmuster zur inneren Zufriedenheit führen. Dazu fällt mir das Beispiel von Conny ein. Sie arbeitet als Erzieherin in einer Kindertagesstätte und erzählt immer wieder von ihrer unfähigen Leiterin, die sie nichts erledigen läßt und selber vieles falsch macht. Jeden Tag verbringt sie damit, sich mindestens eine Stunde über ihre Vorgesetzte aufzuregen. Diese Erzieherin hat nicht verstanden, daß sie ihre Vorgesetzte nicht ändern wird. Sie ist aber sehr wohl in der Lage, sich selbst oder zumindest ihre Einstellung zu verändern. Auf die Frage, welche Erwartungen sie an ihre Vorgesetzte hat, wird schnell deutlich, daß diese Vorstellungen eher eine „Übermutter" darstellen, als ein normales menschliches Wesen. Das Inte ressante dabei ist, daß wir bei vielen negativen Eigenschaften, die wir an anderen beobachten und die uns schrecklich stören, häufig auch bei uns selbst entdecken. In diesem Fall ist es besonders wichtig, zu sich selbst Abstand zu gewinnen. An dieser Stelle sei Friedrich der Große zitiert, dessen Maxime auch heute noch eine geniale Empfehlung zur Streßreduzierung darstellt: „Herr, gib mir Kraft, zu ändern, was ich ändern kann, und zu akzeptieren, was ich nicht ändern kann. Und gib mir Vernunft, zwischen beidem zu unterscheiden."

LEBENSREGELN ZUR STRESSREDUZIERUNG

Sie werden für sich selbst herausfinden müssen, was für Sie das „Beste" ist. Was dem einen hilft, kann dem anderen möglicherweise schaden. Dennoch gibt es eine Reihe nützlicher „Lebensregeln", die zur Streßreduzierung im persönlichen und beruflichen Leben beitragen können.

Persönlich-individuelle Möglichkeiten:

- Überprüfen Sie Ihre augenblickliche Lebenssituation und schreiben Sie einmal für sich auf, wo Sie konkret überflüssigen Streß abbauen können.
- Orientieren Sie sich nicht ausschließlich am Beruf.
- Isolieren Sie sich nicht. Pflegen Sie den mitmenschlichen Austausch, ohne dabei die Meinung anderer Leute so überaus wichtig zu nehmen.
- Nehmen Sie sich Zeit, Erlebtes zu verarbeiten und Methoden zu erlernen, mit denen Sie wieder zu innerer Ruhe und Ausgeglichenheit finden.
- Verschwenden Sie keine Zeit und Energie, sich gegen das Unabwendbare zu wehren (siehe „Alter Fritz").
- Schaffen Sie körperlichen Ausgleich (Sport, Entspannung, Meditation).
- Denken Sie daran, daß Alkohol und Tabletten nur kurzfristig und scheinbar entspannen, sich langfristig jedoch rächen.
- Sorgen Sie für Ihren Körper durch ausgewogene Ernährung.
- Beobachten Sie Ihren Körper und hören Sie auf seine Regungen. Sie können so verhindern, in einen Zustand zu geraten, in dem nichts mehr geht.
- Schaffen Sie einen kulturellen Ausgleich zum Beruf (z.B. durch Hobbys, Freizeitgestaltung, Lieblingsbeschäftigungen, Musik).
- Pflegen Sie den Rhythmus zwischen Arbeit und Freizeit, Anspannung und Entspannung.
- Lernen Sie, zwischen Privat- und Berufsleben Abgrenzungen vorzunehmen.
- Entwickeln Sie Humor. Lachen Sie – spontan, herzhaft und befreiend. Sie werden sich besser fühlen.
- Es gibt die Außenwelt der Ereignisse und die Welt Ihres inneren Erlebens, mit der Sie reagieren. Es liegt in Ihrer Hand, wie Sie sich auf die äußeren Einwirkungen hin verhalten. Die Selbsterziehung, Ihr inneres Erleben ändern zu wollen, hilft Ihnen selbst- wie fremdgeschaffenen Streß zu reduzieren.

Stressreduzierung im sozialpädagogischen Berufsfeld

Zur Streßreduzierung am Arbeitsplatz können Träger, Vorgesetzte, das Team und Sie selbst entscheidend beitragen, z.B. durch

- klare Arbeitsplatzbeschreibungen,
- Platz für informellen Gedankenaustausch und zwischenmenschliche Kommunikation („Klönschnack", „Palaver"),
- Kooperationsbereitschaft. Wer gemeinsam Ziele erreichen will, muß sich gegenseitig unterstützen, statt in übersteigertes Konkurrenzdenken zu verfallen,
- optimale Teamarbeit, bei der sich alle gegenseitig achten (Ich bin o.k., Du bist o.k.), jeder seine Meinung frei äußern kann und die Meinung der anderen akzeptiert; wo Kontrolle gut, Vertrauen jedoch besser ist; sich jeder optimal einbringt und Entscheidungen einvernehmlich gefällt werden,
- sinnvolles Zeitmanagement im Arbeitsalltag (siehe Extrakapitel),
- kollegiale Beratung in problematischen und streßauslösenden Situationen,
- Supervision im Team.

Die einzelnen Aspekte präventiver Streßreduzierung tragen wesentlich zu einer positiven Grundstimmung bei, die Voraussetzung ist für ein besseres seelisch-körperliches Gleichgewicht. Sie können viel Streß ertragen, wenn Sie innerlich ruhig und ausgeglichen sind. Helfen können Ihnen dabei bewährte Entspannungstechniken, wie sie z.B. im letzten Kapitel dieses Buches beschrieben sind. Vielleicht teilen Sie auch die Auffassung von Laurence J. Peter, dem Erfinder des nach ihm benannten „Peter-Prinzips". Er stellt unter anderem fest, daß sich berufliche Krisen und viel Streß auch durch Selbstbescheidung vermeiden lassen. Sein Motto: „Tue nie so viel, wie Du glaubst tun zu können" ist zwar nicht unbedingt leistungsfördernd, vermeidet jedoch andererseits die Überforderung und kann damit durchaus für viele zu beruflicher Zufriedenheit führen.

ZEITMANAGEMENT UND LEBENSQUALITÄT

Das Gefühl, keine Zeit zu haben, ist zum Phänomen unserer Gesellschaft geworden. Hausfrauen, berufstätige Mütter, Erzieherinnen, Lehrer, Ärzte, Manager, Politiker stehen ebenso wie von Eltern „verplante" Kinder und Jugendliche unter Zeitdruck.
Gehören Sie auch zu den Erzieherinnen, die durch ihre ständige Verfügbarkeit für andere immer wieder feststellen, daß sie viel zu wenig Zeit haben, um alles zu erledigen? Sicher hätten Sie gern mehr Zeit für sich selbst. Die eigenen Bedürfnisse bleiben meist unerkannt und unerfüllt. Deshalb verschwinden sie jedoch nicht, sondern treten unausgesprochen in Form nervöser Anspannung und ständiger Müdigkeit zutage.
Wenn Sie das Gefühl haben, der Tag müßte für Sie 36 Stunden haben, um alles zu bewerkstelligen, nehmen Sie sich jetzt ein paar Minuten, um Ihre Zeitplanung zu überdenken.
Machen Sie sich bewußt, daß Ihre Lebenszeit ein wertvolles, begrenztes Kapital darstellt. Zeit ist nicht Geld, sondern Leben. Jede Minute, jede Stunde und jeder Tag Ihres Lebens, die verstrichen sind, sind unwiderruflich vorbei. Dies sollte ein entscheidender Grund sein, mit der Zeit ökonomisch umzugehen – im Privatleben wie im Berufsalltag.
Ihre Zeiteinteilung entscheidet darüber, ob Sie von Ihrer Zeit den richtigen Gebrauch machen. Dazu fällt mir die Geschichte eines Zen-Mönches ein, der einmal gefragt wurde, warum er trotz seiner vielen Aufgaben immer so ruhig und zufrieden wirkt. Er erwiderte: „Wenn ich stehe, dann stehe ich. Wenn ich gehe, dann gehe ich. Wenn ich sitze, dann sitze ich. Wenn ich esse, dann esse ich. Wenn ich spreche, dann spreche ich." Da unterbrachen ihn die Frager und sagten: „Das tun wir auch, aber was machst Du darüber hinaus?" Der Mönch wiederholte seine Worte und wieder sagten die Leute: „Das tun wir doch auch." Darauf antwortete er: „Das tut Ihr nicht. Wenn Ihr sitzt, dann steht Ihr schon. Wenn Ihr eßt, denkt Ihr schon, was Ihr danach tun werdet. Wenn Ihr lauft, dann seid Ihr schon am Ziel und wenn Ihr zuhört, denkt Ihr schon darüber nach, was Ihr dann sagen werdet."
Wie zutreffend diese kleine Geschichte ist, zeigt sich an vielen Situationen des Berufsalltags.

Die gestreßte Erzieherin fühlt sich verpflichtet mit zwei Müttern am Morgen zu sprechen. In Gedanken an die bevorstehenden Aufgaben und Verpflichtungen, die noch auf sie warten, ist sie jedoch nicht bei der Sache. Wenn auch nicht durch Worte, so bringt sie durch ihre Körperhaltung Angespanntheit und Unkonzentriertheit zum Ausdruck. Die Mütter werden als nervende Belastung empfunden und diese wiederum haben das Gefühl, die Erzieherin interessiere sich nicht für sie.
Elterngespräche, Telefonate und Kriseninterventionen gehören zu den nicht immer planbaren Tätigkeiten der Erzieherin. Dennoch haben Sie die Möglichkeit, bei einem großen Teil Ihrer Arbeiten den Zeitpunkt der Ausführung und den Arbeitsaufwand selbständig zu bestimmen.

ZEITDIEBEN UND STÖRFAKTOREN AUF DER SPUR

Tag für Tag haben wir es mit Zeitdieben und Störfaktoren zu tun, die im persönlichen Arbeitsstil, in der Zeitplanung und Arbeitsmethodik, in Störungen durch Dritte oder in der innerbetrieblichen Teamarbeit zu finden sind.
Nehmen Sie Ihren Terminkalender, einen großen Bogen Papier oder eine Checkliste und analysieren Sie einmal kritisch Ihre „vertane" Zeit mit dem Ziel, sie effektiver und besser zu nutzen:
Erstellen Sie Ihre eigene „Zeitverlustanalyse". Kreuzen Sie die hauptsächlichen „Zeitdiebe" an und quantifizieren Sie dann mit der Strichliste.

Die meiste Zeit verliere ich durch — wie oft?

1 schlechte Organisation des Arbeitsplatzes, Unordnung

2 unklare Zielsetzung

3 Unentschlossenheit

4 unkonzentriertes Arbeiten, Hast, Ungeduld

5 zu lange Besprechungen ohne zum Punkt zu kommen

6 unzureichende Tagesplanung

7 keine Übersicht über alle Aktivitäten

8 Versuche, zu viel auf einmal zu tun

9 sich um jedes kleine Detail kümmern

10 Informationssuche, weil benötigte Informationen fehlen

11 laufende telefonische Unterbrechungen, zu lange Telefonate

12 zeitraubende Privatgespräche und Quasseleien mit Dritten

13 alles selbst machen wollen

14 geringe Selbstmotivation

15 mangelnde Selbstdisziplin

16 ständiges Zweifeln am derzeitigen Vorgehen

17 unrealistische Zeiteinschätzung und Fehlplanungen

18 die Unfähigkeit „Nein" zu sagen

19 zu viele Routinearbeiten

20 Perfektionismusdenken

21 mangelnde Koordination im Team

22 Streit und Konflikte mit Kolleginnen und Vorgesetzten

23 mangelnde Kommunikation und Kooperation im Team

24 Aufschieben von Entscheidungen und Vorhaben

25 zu wenig Delegation.

Haben Sie bei Ihrer persönlichen Zeitverlustanalyse eigene zeitraubende Gewohnheiten und fremde Störfaktoren und Zeitdiebe entdeckt? Dann sollten Sie umgehend mit deren Abbau beginnen.

MIT ZEITSPARTECHNIK GEGEN DAUERSTRESS

Durchdachte Zeitspartechniken – auch Zeitmanagement genannt – versetzen Sie in die Lage, Dauerstreß und Hochbelastungsphasen enorm zu entschärfen.

- Schreiben Sie rechtzeitig auf (z.B. am Vorabend), wie Sie Ihren nächsten Arbeitstag strukturieren werden. Setzen Sie dabei Prioritäten. Gliedern Sie Tätigkeiten nach der Dringlichkeit (a) muß, b) soll, c) kann getan werden bzw. ganz wichtig, wichtig, hat noch Zeit).

- Erledigen Sie unangenehme Aufgaben möglichst gleich oder setzen Sie einen festen Termin zur Erledigung.

- Als Leiterin sollten Sie etwa 30 bis 40 Prozent Ihrer Tagesarbeitszeit als frei verfügbare Zeit einplanen, um Routineaufgaben auszuführen, Ideen zu entwickeln, Vorhaben zu planen und Gespräche führen zu können.

- Gestalten Sie Ihren Arbeitsplatz übersichtlich. Es darf dort nur das liegen, was für die Erledigung der jeweiligen Aufgabe(n) benötigt wird.

- Gliedern Sie Ihren Terminkalender bzw. Zeitplaner übersichtlich, indem Sie für verschiedene Bereiche bestimmte Farben verwenden.

- Bündeln Sie ähnliche Aufgaben soweit wie möglich (z.B. Telefonate führen, dann Gespräche führen, schriftliche Arbeiten erledigen...).

- Empfangen Sie nicht jeden unangemeldeten Besucher, der Ihnen die Zeit stehlen will. Also nicht immer für alle zu jeder Zeit verfügbar sein.

- Schieben Sie möglichst nichts vor sich her. Alles, was Ihre Gedanken mit unbewältigten Aufgaben blockiert, stiehlt Ihnen wertvolle Zeit. Es ist eine alte Erfahrung: Denken Sie ständig an das, was Sie erledigen wollen, so führt dies nicht selten zu Herzbeklemmungen oder vegetativen Beschwerden. Wenn Sie sich jedoch stets nur einer einzigen Aufgabe zuwenden und nicht fortwährend an die übrigen Tagesarbeiten denken, haben Sie beste

Aussichten, nervöse Störungen zu vermeiden. Haben Sie Ihren Tagesablauf klar vor Augen, werden Sie auch nicht am Abend das Gefühl haben, vielleicht nicht genug erledigt zu haben.

- Prüfen Sie als Vorgesetzte, wie stark Sie selber Ihre Mitarbeiterinnen bei der Arbeit stören und ob manche Kontaktaufnahme nichts anderes ist als Ersatzbeschäftigung, um unangenehmen oder wichtigen Arbeiten zu entfliehen.
- Weigern Sie sich an Teambesprechungen teilzunehmen, die von Kolleginnen- oder Vorgesetztenseite mangelhaft vorbereitet worden sind. Setzen Sie (am besten gemeinsam mit anderen) die Vorbereitung durch.
- Reduzieren Sie Ihr Arbeitspensum, wenn Sie das Gefühl haben, im Streß zu versinken. Als Vorgesetzte können Sie Ihre Mitarbeiterinnen zu mehr Eigeninitiative ermutigen. Delegieren Sie mehr Aufgaben, anstatt sich mit jedem Kleinkram selbst zu beschäftigen. Behalten Sie sich nur wichtige Entscheidungen vor. Wenn Sie Erzieherin in einem Team mit übergroßem Arbeitspensum sind, sollten Sie sich von Ihrer Vorgesetzten nicht mehr so viele Extraaufgaben aufs Auge drücken lassen. Machen Sie ihr klar, daß Sie voll ausgelastet sind und bei Übernahme weiterer Aufgaben andere zurückgestellt werden müssen. Das sind Sie Ihren Nerven, Ihrer Gesundheit und Ihren Kolleginnen gleichermaßen schuldig. Je besser Sie Ihre Zeit einteilen, desto besser können Sie sie nutzen. Sie überschauen Ihre Aufgaben und sind besser in der Lage, Wichtiges von Unwichtigem und Dringendes von weniger Dringendem zu unterscheiden.

Streicheleinheiten für Körper und Seele

Nicht nur Erich Kästner wußte, daß Leben auch immer lebensgefährlich ist. Ein Leben ganz ohne Streß wäre sicher gleichzusetzen mit vollkommenem Rückzug aus allen Aktivitäten. Einen großen Teil unserer Lebenszeit verbringen wir in einem Zustand von Spannungen und Ängsten, die mehr oder minder stark ausgeprägt sind.

Ruhepausen und richtige Entspannung sind deshalb lebensnotwendig. Finden Sie für sich heraus, was Sie entspannt und gönnen Sie sich Streicheleinheiten für Ihren Körper und Ihre Seele. Kultivieren

Sie Ihre Befindlichkeit und entspannen Sie im Alltag, indem Sie zum Beispiel:

- Spazierengehen (Wald, Feldweg, Strand...),
- irgendwo ganz ruhig sitzen und gar nichts machen,
- in der Badewanne herumliegen und dösen,
- im Garten arbeiten, Blumen riechen und Erde in die Hände nehmen,
- etwas Entspannendes lesen,
- meditieren, autogenes Training, Yoga oder gezielte Atemübungen machen,
- mit irgendjemandem telefonieren,
- sich auf den Rasen legen und mit allen Sinnen Ihre Umgebung aufnehmen,
- auf dem Teppich liegen und Musik hören,
- sich einmal richtig pflegen,
- in die Sauna gehen, sich massieren lassen,
- sich ins Bett legen und ein Buch lesen,
- heiß duschen und danach eine Tasse Kaffee oder Tee trinken,
- joggen, duschen und dann ins Bett legen,
- gut essen oder einfach mal Diät machen,
- sich mit guten Freunden treffen,
- eine „Sekundenentspannung" machen, die sich jederzeit an jedem Ort im Sitzen oder Liegen durchführen läßt. Spannen Sie alle Muskeln von den Zehen bis zu den Haarspitzen, den ganzen Körper, fest an. Etwa 8 Sekunden bleiben alle Muskeln angespannt, dann lassen Sie locker und spüren genußvoll das Gefühl der völligen Entspannung. Sie sollten diese Entspannungsmethode ein paar Mal üben, um sie jederzeit parat zu haben. Körper und Geist werden aktiviert und für den Alltag handlungsfähig erhalten.

Nehmen Sie sich die Zeit und gönnen Sie sich ein kleines, bewußtes Vergnügen. Körper, Geist und Seele sind eine unlösbare Einheit. Deshalb ist Gesundheit nicht nur ein Freisein von Krankheit und Gebrechen, sondern immer auch ein Zustand völligen körperlichen, seelischen und sozialen Wohlbefindens. Den Berufsalltag und das Privatleben zu meistern bedeutet demnach, sich weitgehend von Belastungen, Ängsten, Pessimismus, Ärger und negativem Streß befreien zu können. Es mag banal klingen, aber es hilft: Entwickeln Sie Humor und lachen Sie. In unangenehmen Situationen ist stets auch etwas Komisches zu entdecken. Lachen hat eine befreiende Wirkung, es macht Sie immun gegen Ärger und Zorn. Ich wette, Sie werden sich künftig besser fühlen.

Wer andere erkennt, ist gelehrt.
Wer sich selbst erkennt, ist weise.
Wer andere besiegt, hat Muskelkräfte.
Wer sich selbst besiegt, ist stark.
Wer zufrieden ist, ist reich.
Wer seine Mitte nicht verliert, der dauert.

Laotse

Adorno, Th. W.: Studien zum autoritären Charakter. Frankfurt a.M. 1973

Argyle, M./Henderson, M.: Die Anatomie menschlicher Beziehungen. Paderborn 1986.

Berne, E.: Spiele der Erwachsenen. Reinbek 1983.

Bernler, G./Johnson, L.: Supervision der psychosozialen Arbeit. Weinheim 1993.

Enzmann, D./Kleiber, D.: Helfer-Leiden. Streß und Burnout in psychosozialen Berufen. Heidelberg 1989.

Fengler, J.: Helfen macht müde. Zur Analyse und Bewältigung von Burnout und beruflicher Deformation. München 1991.

Fittkau, B. u.a.: Kommunizieren lernen (und umdenken). Aachen 5. Aufl. 1987.

Gotthardt-Lorenz, A.: Organisationsberatung: Hilfe und Last für die Sozialarbeit. Freiburg 1992.

Haynes, M.: Persönliches Zeitmanagement. Wien 1991.

Heckhausen, H.: Motivation und Handeln. Berlin/Heidelberg 2. Aufl. 1989.

Hundmeyer, S.: Recht für Erzieherinnen und Erzieher. München 15. Aufl. 1995.

Kitzmann, A.: Persönliche Arbeitstechniken und Zeitmanagement. Renningen-Malsheim 1994.

Klapprott, J.: Berufliche Erwartungen und Ansprüche an Sozialarbeiter/Sozialpädagogen. Weinheim 1987.

Limbrunner, A.: Soziale Arbeit als Beruf. Weinheim 1998.

Pervin, L.A.: Persönlichkeitstheorien. München/Basel 2. Aufl. 1987.

Peter, L.J.: Das Peter-Prinzip. Reinbek 1973.

Riemann, F.: Grundformen der Angst. München 1984.

Roth, E.: Sämtliche Menschen. München/Wien 5. Aufl. 1986.

Ruschel, A.: Besprechungen und Konferenzen – Kommunikation im Unternehmen. München 1989.

Schreyögg, A.: Coaching – eine Einführung der Praxis und Ausbildung. Frankfurt a.M. 1995.

Siewert H.: Arbeitszeugnisse. München 1994.

Spieth, R.: Menschenkenntnis im Alltag. München 1988.

Sprenger, R.K.: Mythos Motivation. Wege aus der Sackgasse. Frankfurt a.M. 1996.

Thiesen, P.: Sozialpädagogik lehren. Weinheim/Basel 1991.

Thiesen, P.: Fußdialog und Blickkontakt. Ungewöhnliche Interaktionsspiele für die Arbeit mit Jugendlichen und Erwachsenen. Weinheim/Basel 1999.

Weber, E.J.: Der integrierte Mensch. München 1983.

Autor

Peter Thiesen, Diplomsozialpädagoge, Jahrgang 1952, war Bezirks- und Stadtjugendpfleger, Lehrbeauftragter an der Fachhochschule Kiel. Zweites Staatsexamen für das Lehramt an berufsbildenden Schulen. Seit 1979 an der Fachschule für Sozialpädagogik in Lübeck tätig. Er ist Autor und Herausgeber von mehr als 30 Büchern zur Sozial-, Schul- und Spielpädagogik, mit einer Erzieherin verheiratet und Vater von zwei Söhnen.

Die Cassette zum Buch

Peter Thiesen
Berufsalltag
Wege aus dem Dschungel
Tonbuch: Ursi Arschbacher
Dauer: ca. 1 1/2 Stunden
DM 19,80/öS 145,–/sFr 19,80
ISBN 3-7841-1176-9

Gerade in diesem Bereich haben wir viel mit Menschen zu tun und nicht zuletzt deswegen diesen Beruf gewählt. Wir kennen Theorie und Praxis dieses Umgangs aus dem Effeff. Das Thema stand auf unterschiedlichste Weise an wichtiger Stelle in unserer Ausbildung und kommt auch in Weiterbildung und Supervision vor. Und trotzdem stehen wir im Berufsalltag – und das nicht nur am Anfang – nicht selten vor scheinbar unlösbaren Schwierigkeiten und Konflikten mit Kolleginnen, Praktikantinnen und Vorgesetzten. Wir erzählen davon in vielen kleinen Dialogen und Geschichten, die wir mit Analysen, Erlebnisberichten, Interviews, Hinweisen auf problemlösende Methoden und Techniken, Musik und Geräuschen ergänzen.

Vieles von dem, was wir in diesem Dschungel gefunden haben, werden Hörerinnen und Hörer wiedererkennen, anderes wird sie überraschen.

Ein spannendes Kommunikations- und Selbsterfahrungsspiel für 6 – 20 Personen ab 14 Jahre, die mehr über sich und andere erfahren wollen.
Das Spiel enthält neben der Spielanleitung 110 Instruktionskarten mit Fragen und Aufgabenstellungen. Es ermöglicht den Teilnehmern sich in geselliger Runde intensiver kennen zu lernen. Dabei können Vorstellungen und Wünsche artikuliert sowie die Selbst- und Fremdeinschätzung erlebt und geschärft werden. Kritik ist ausdrücklich erlaubt.

Peter Thiesen
Psycho Kick
Das reflexive Interaktionsspiel für Jugendliche und Erwachsene
1999, 4 Seiten Spielanleitung, 110 Spielkarten in Stülpschachtel
DM 22,–/öS 161,–/sFr 21,–
ISBN 3-7841-1134-3

SPIELEWERKSTATT

Peter Thiesen

Fußdialog und Blickkontakt

Ungewöhnliche Interaktionsspiele für die Arbeit mit Jugendlichen und Erwachsenen.
Mit Zeichnungen von Petra Hömberg.
Beltz Taschenbuch 12. 103 Seiten, DM 16,–
ISBN 3-407-22012-X
Kontakt und Kooperation, sinnliche Wahrnehmung, körperlicher und sprachlicher Ausdruck, Bewegungserfahrung, Entspannung und Meditation: spielerisch lassen sich viele Erfahrungen leichter, ungehemmter machen. Dieser »Werkzeugkasten« mit 160 neuen und bewährten Spielideen bietet vielfältigste Möglichkeiten für die Seminar- und Gruppenarbeit.

Peter Thiesen

Kartonwelten, Kuhkunst und Klangtunnel

Kreative Spiele für die Arbeit mit Kindern, Jugendlichen und Erwachsenen.
Mit Zeichnungen von Petra Hömberg.
Beltz Taschenbuch 10. 112 Seiten, DM 16,–
ISBN 3-407-22010-3
Papier und Pappe, Karton und Krimskrams, da muss man doch einfach was draus machen! Videokamera, Fotoapparat, Kassettenrekorder – auch die fordern geradezu heraus. Material und Medien kitzeln die Kreativität. Und je variabler und weniger verarbeitet ein Material ist, desto stärker regt es die Fantasie an, desto vielfältigere Erfahrungen und Fertigkeiten lassen sich spielerisch erwerben. Hier sind 170 Vorschläge für originelle und ungewöhnliche Spiele mit Kindern und Erwachsenen.

BELTZ

Beltz Verlag · Postfach 100154 · 69441 Weinheim

B0348